LA MARNE
L'AISNE
VERDUN
LA SOMME

HISTORIQUE

DU

RÉGIMENT

D'INFANTERIE

PENDANT

LA GUERRE 1914-1919

IMPRIMERIE BERGER-LEVRAULT

Le 146e R. I.

REVUE DU 20 MARS 1919 SUR LA PLACE STANISLAS A NANCY

Le maréchal Pétain attache au drapeau du 146e d'infanterie la fourragère aux couleurs de la Médaille militaire.

HISTORIQUE

DU

146ᵉ RÉGIMENT D'INFANTERIE

TOUL

77ᵉ Br. 39ᵉ Dᵢ.

HISTORIQUE

DU

146ᵉ RÉGIMENT D'INFANTERIE

39ᵉ DI — 77ᵉ Br. TOUL

PENDANT

LA GUERRE 1914-1919

Avec 1 planche hors texte

IMPRIMERIE BERGER-LEVRAULT

NANCY-PARIS-STRASBOURG

INTRODUCTION

Juillet 1914 ! Une lourde anxiété oppresse l'Europe. L'atmosphère diplomatique est surchargée. Est-ce l'échéance fatale qui va jeter les peuples dans une fantastique mêlée qu'aucune imagination ne saurait concevoir ?

Le sort en est jeté : la France va se trouver face à face avec son ennemi de 1870, qui, cette fois, rêve de l'anéantir.

Superbe, la France tire l'épée, calme, confiante, dans un enthousiasme contenu, animée d'une volonté unique.

L'archiduc François Ferdinand d'Autriche a été assassiné à Sarajevo, le 28 juin 1914, par un Serbe. Cet incident, l'Allemagne qui veut la guerre, va l'exploiter.

L'Autriche notifie à la Serbie un ultimatum humiliant et insultant. En vain, la Serbie souscrit à ces exigences. En vain, la France, l'Angleterre, la Russie tentent tous les efforts possibles pour régler pacifiquement le conflit. L'Allemagne, grisée par ses succès de 1866 et de 1870, par sa formidable prospérité économique, par sa force qu'elle croit invincible, est hallucinée. Elle a fait un rêve monstrueux. Elle ne veut pas manquer l'occasion.

Les déclarations de guerre se précipitent :

28 juillet : de l'Autriche à la Serbie ;

1er août : de l'Allemagne à la Russie ;

3 août : de l'Allemagne à la France ;

4 août : de l'Angleterre à l'Allemagne.

Et pendant plus de quatre ans, dans des alternatives de jours sombres et de jours d'espoir, la France, impavide et héroïque, confiante et opiniâtre, donnera au monde le spectacle du sublime sacrifice. Elle fait tête à l'envahisseur qui déjà croit tenir la victoire, l'arrête net sur la Marne et le refoule, le tient à la gorge pendant la longue période de tranchées, maîtrise une nouvelle et gigantesque ruée à Verdun, et finalement, après un dernier et terrible effort de l'ennemi, le rejette démoralisé, vaincu, demandant grâce.

Dans le grand drame, le 146e régiment d'infanterie a produit une magnifique floraison des plus beaux sentiments : patriotisme, abnégation, esprit de sacrifice. Ce jeune régiment n'avait pas d'ancêtres dans les formations des armées d'autrefois et son drapeau n'était orné que d'un seul nom de victoire. Maintenant, on peut choisir.

DIVISION

Pour la clarté de l'exposition, nous diviserons la guerre en quatre grandes périodes :

I. OFFENSIVE FRANÇAISE. — Première bataille générale (Charleroi) et retraite française. — Victoire de la Marne (31 juillet-13 septembre 1914).

II. LA COURSE A LA MER. — La bataille pour Calais (Yser et Ypres). — Bataille d'Arras. — Victoires de Champagne et d'Artois (octobre 1914-octobre 1915).

III. TROISIÈME GRANDE OFFENSIVE ENNEMIE. — Verdun. — Bataille de la Somme. — La retraite stratégique allemande et l'offensive française d'avril 1917 (Aisne) (février 1916-mai 1917).

IV. LES OFFENSIVES DE LUDENDORFF et L'OFFENSIVE FRANÇAISE DE LA VICTOIRE (mars 1918-11 novembre 1918).

A tous ceux
qui ont compté au 146ᵉ Régiment d'Infanterie

Ces pages sont dédiées. Elles sont écrites par un des leurs, un de ceux qui restent, un des plus anciens, un des plus aimés.

Elles résument l'histoire de leur régiment pendant ces quatre années de guerre, histoire remplie de faits qui anoblissent ceux qui en ont été les acteurs et témoignent de leur sublime dévouement

Qu'elles permettent à tous de « se souvenir ».

Pour continuer à honorer nos glorieux morts, tombés pour la Patrie, consoler et aider ceux qui sont privés de leur affection et de leur soutien.

Pour vous affermir de plus en plus dans les sentiments dont vous avez fait preuve et qui vous faisaient tous vibrer à l'unisson.

Pour maintenir les traditions que vous léguerez à vos successeurs.

« On ne passe pas », avez-vous dit à Verdun. Qu'on ne passe pas non plus sur vos souvenirs, sur vos résolutions.

Notre drapeau reste. Vos successeurs en assureront la garde avec respect, car il leur rappellera tout ce passé chargé de gloire, les belles citations, la fourragère aux couleurs du ruban de la Médaille militaire que vous avez obtenues.

Faites-lui toujours honneur et laissez-moi vous adresser cette dernière prière, au nom de tous ceux qui restent et qui viendront encore :

« Groupez-vous souvent autour de lui en pensée ou de fait. »

Vous ne pouvez douter de l'accueil que vous recevrez et vous aiderez ainsi à assurer la continuité de cette chaîne qui doit rattacher le passé au présent et à l'avenir.

Le passé !

C'est celui de la France. Il n'en est pas de plus beau. Il répond du présent et de l'avenir.

Écoutez d'ailleurs ces belles paroles du maréchal Foch, notre Chef, notre ancien commandant de corps d'armée :

« La guerre est finie, la paix commence ; mais la lutte ne s'arrête pas là. Nous aurons les moyens de la continuer victorieusement. Ce sont ceux que nous avons pratiqués dans la guerre, notre idéal commun : l'amour de la liberté, de la justice ; pratiquons dans la paix comme dans la guerre, la grandeur des forces morales. Vivons notre histoire passée. Que nos soldats redevenus ouvriers ou cultivateurs entretiennent le souvenir de leurs actes glorieux. Ainsi, ils entretiendront la grandeur morale de leur pays. »

Colonel SALLES.

LE 146ᵉ PENDANT LA PREMIÈRE PÉRIODE

Opérations de Lorraine. — Bataille de Morhange.
Combats de Chicourt et de Haraucourt—Einville.

(31 juillet — 13 septembre 1914.)

SOMMAIRE

Le plan allemand, fidèle à la théorie de l'enveloppement, était d'attaquer en tournant notre gauche par un vaste mouvement de conversion ayant son pivot en Alsace et son aile marchante en Belgique, dont la neutralité était lettre morte pour nos ennemis.

Le Commandement français résolut d'attaquer immédiatement sur la frontière franco-allemande.

Après quelques succès en Alsace et en Lorraine annexée, nos troupes durent se replier; sur notre aile gauche, la bataille de Charleroi provoqua également le repli de nos armées, mais ne réalisa pas pour les Allemands l'enveloppement escompté qui devait mettre hors de cause les armées françaises. Celles-ci se dégagèrent, prirent du champ pour attaquer à nouveau et, par l'immortelle victoire de la Marne, rétablirent la situation en ruinant complètement le plan de campagne allemand.

OPÉRATIONS EN LORRAINE

Pendant cette période, le 146ᵉ opère en Lorraine et prend part à l'offensive française du début.

Le départ. — Dans la nuit du 30 au 31 juillet à 1 heure du matin, un ordre arrive à la caserne Ney, occupée à Toul par le 146ᵉ. C'est l'ordre d'alerte. Le régiment doit partir sans délai pour gagner sa position de couverture.

Immédiatement, la caserne silencieuse et endormie s'anime et s'éclaire. Le mouvement, l'activité règnent partout, mais nulle part l'agitation ou l'énervement. Les préparatifs sont faits avec la hâte que commandent les circonstances mais avec la régularité d'une opération bien prévue et bien montée.

A 4 heures, tout est prêt. Le régiment s'ébranle et franchit la porte du quartier. Quelles seront ses destinées dans le formidable inconnu qui se dresse devant lui ? La guerre ! Mot si souvent répété sans conviction en temps de paix, et qui déjà emplit le présent et l'avenir ! L'ennemi ne sera plus une fiction de manœuvre, on va l'aborder dans quelques jours. C'est vers un avenir de privations, de fatigues, de souffrances et de mort que marchent tous ces jeunes hommes qui cheminent sur la route de Nancy. Ils le savent et leurs réflexions sont fortes et graves. Point de chants ni de bruyantes conversations qui seraient déplacées. Chacun se sent en face du devoir, et s'y prépare. La confiance dans l'avenir est entière. Le moral est admirable.

Le drapeau est confié au 3ᵉ bataillon.

A une brume épaisse qui remplissait toute la vallée succède bientôt un soleil torride qui rend la marche très pénible sous le lourd chargement et dans la poussière épaisse. N'importe ! Personne ne reste en arrière.

Le régiment traverse Nancy, acclamé par la population, et, après une grand'halte à Art-sur-Meurthe, arrive vers 20 heures, à Haraucourt, son emplacement de couverture. Il avait parcouru environ 40 kilomètres.

Les emplacements de couverture. — Immédiatement, on s'installe en cantonnement d'alerte à la place d'éléments du bataillon de chasseurs de Saint-Nicolas-du-Port et le lendemain, 1ᵉʳ août, à 5 heures, le régiment se porte en avant de Haraucourt pour organiser la position. On creuse les premières tranchées. L'outil, qui devait jouer un rôle si important dans cette guerre, fait timidement son apparition. On aperçoit même quelques réseaux Brun. Le colonel Bérot, commandant le régiment, installe son P. C. à la mairie. Il a pour adjoint le capitaine Voisin.

On apprend dans la soirée que la mobilisation générale a été ordonnée. Des bruits divers circulent, mais aucune nouvelle précise de l'intérieur.

Le 3, arrive le deuxième échelon, constitué par les réservistes. Ils sont extrêmement fatigués et ont subi un violent orage pendant la route. Leur aspect physique s'en ressent, mais leur moral est excellent. Le régiment est définitivement constitué sous les ordres du colonel Bérot.

Au loin, on entend le canon pour la première fois, puis, c'est l'apparition du premier avion ennemi. Un renseignement arrive qui provoque les commentaires les plus confiants : une patrouille de douze dragons a surpris et mis en fuite une reconnaissance d'une quarantaine de uhlans. Son chef, un tout jeune sous-lieutenant, sorti de l'école pour la guerre, a tué de sa main le « rittmeister », dont il apporte les armes

Le 4, à 1 heure du matin, alerte. On s'attend à une attaque. Sous une forte averse, les compagnies quittent le village et occupent leurs emplacements de combat. Mais l'attaque ne se produit pas et la rentrée au cantonnement s'effectue au lever du jour.

Le stationnement à Haraucourt se prolonge jusqu'au 8. Les habitants sont toujours présents et, commencent leur moisson sans aucune inquiétude. Leur moral est à l'unisson de celui de la troupe, à laquelle ils multiplient les témoignages de sympathie. Le 6 août, le 2ᵉ bataillon traverse Haraucourt, au milieu de l'enthousiasme. Il a pour mission d'organiser défensivement la position du Rambêtant (sud-ouest de Haraucourt). Le 4ᵉ B. C. P. et le 39ᵉ R. A. C. qui défilent ensuite dans le village sont l'objet des mêmes ovations.

La marche en avant. — Le 8 août, le régiment quitte Haraucourt et après une série de marches et de stationnements exécutés avec les dispositions rendues nécessaires par la proximité de l'ennemi, vient cantonner, le 19, à Chicourt.

Pendant cette période, rien de particulièrement saillant. C'est la marche au combat. Le 8 au soir, alerte à Serres. Mais l'ennemi n'attaque pas. Il fait le vide devant nous. Burthecourt et Chambrey ont été pris, le 7, par le 4ᵉ B. C. P. Les Bavarois évacuent Pettoncourt qui est occupé par nos troupes, le 13. Le 15, nous faisons connaissance avec l'artillerie ennemie. L'ennemi continue à céder : Salins et Château-Salins sont enlevés le 17. Le 18, le repli sur toute la ligne se confirme.

Dans sa retraite, il a abandonné 14 pièces, et les nombreux cadavres que l'on trouve dans les tranchées donnent déjà une idée des effets de notre artillerie de campagne.

On parle d'une offensive de tout le corps d'armée. Le 19, le régiment gagne Chicourt, détachant le 1ᵉʳ bataillon (commandant David) à Château-Bréhain. Sur l'ennemi, peu de renseignements. Quelques patrouilles de cavaliers allemands se montrent seulement. La marche est devenue facile. A Chicourt, se trouve également un régiment de coloniaux.

La ruée allemande. — Tout à coup, le 20 au matin, après une nuit calme, les obus ennemis pleuvent sur Chicourt, et une fusillade nourrie crépite subitement aux portes du village. La retraite ennemie n'était qu'une feinte. La bataille s'allume. Des hauteurs qui environnent Chicourt, des nuées de fantassins allemands surgissent.

En cet instant critique, le colonel Bérot, très calme, juge froidement la situation et donne des ordres. Deux compagnies sortent du village et se déploient immédiatement. Les projectiles ennemis prennent déjà le village d'enfilade. Les autres compagnies occupent rapidement leurs positions pour combattre tandis que les trains et convois se replient sur la route d'Oron, déjà accompagnés par les obus ennemis.

L'ardeur de nos chefs et de nos soldats est incomparable; ils se font tuer sur place plutôt que de reculer, les pertes augmentent à vue d'œil. Une section de la 3ᵉ compagnie qui combat avec acharnement depuis le matin, est presque anéantie. A 16 heures, il ne reste que son chef, l'adjudant Gozillon et le sergent Bernard. Collière, qui tirent jusqu'à la dernière les cartouches que le soldat Gosselin, les deux jambes fracturées, prend sur les morts. Les traits d'héroïsme se multiplient. Hélas ! tant de sacrifices n'éviteront pas la retraite. Les flots ennemis semblent sortir de terre, leur supériorité numérique est écrasante. Il faut, la rage au cœur, se résoudre à l'inévitable. Déjà, sur la route de Château-Salins, affluent, pêle-mêle, voitures et blessés. C'est la retraite : sombre et angoissante vision pour un soldat.

Vers le soir, un obus blessa mortellement le colonel Bérot et tua le capitaine Voisin, au moment où, tous deux, au sommet d'un tertre, examinaient la situation. Saluons le premier colonel du 146ᵉ tombé au champ d'honneur. Pendant cette fatale journée, il avait atteint les plus hauts sommets des vertus militaires. Son adjoint, le brave capitaine Voisin, l'avait secondé de son dévouement et de sa prodigieuse activité, passant presque toute la journée à cheval, pour porter lui-même les ordres de son chef. Ces deux hommes ouvrent glorieusement le livre d'or du régiment.

Un regroupement à Château-Salins, et la retraite morne et désespérante continue sur la route de Nancy. Le commandant David avait pris le commandement du régiment.

Le combat de Chicourt, qui fait partie de la bataille de Morhange, avait coûté 1.250 hommes.

La contre-offensive. — Reformé à Fléville, le 146ᵉ se reporte en avant dès le 24, pour réoccuper sa position de couverture. L'ennemi s'est avancé jusqu'aux abords de Haraucourt qui est bombardé et bientôt en flammes. Sur cette position de Haraucourt—Einville, le régiment luttera opiniâtrément en des combats continuels, attaquant, contre-attaquant journellement jusqu'au moment où l'ennemi renoncera à toute entreprise offensive.

Le 25, le régiment repousse devant Haraucourt une forte attaque ennemie, en lui infligeant de graves pertes. Mais, lui-même est réduit à 1.650 hommes. Quelques jours après, l'arrivée de renforts porte son effectif à 32 officiers et 2.260 hommes. A ce moment, le régiment avait glissé vers la droite et organisait la cote 316 au nord-est de Crévic.

Le 1ᵉʳ septembre, attaque française. Le régiment, qui avait été envoyé dans la nuit précédente se reposer à Sommerviller, est rappelé presque aussitôt, pour former réserve de division, à la lisière est du bois d'Einville. L'objectif est la brasserie d'Einville.

L'attaque est dure. Nos 5ᵉ et 6ᵉ compagnies, engagées, se heurtent à de solides positions et subissent de fortes pertes.

Le 3 septembre, dans le bois de Maixe, une attaque ennemie est repoussée par le 1ᵉʳ bataillon, pendant une relève par le 156ᵉ.

Le 4 septembre, après cette relève, le régiment occupe une

ligne de tranchées sur le plateau au-dessus de Drouville. Malgré un furieux bombardement de nos positions, l'ennemi échoue, à 21 heures, dans son attaque sur Gellenoncourt.

Le bombardement reprend, acharné, sur Haraucourt, le 5, dès le matin. Gellenoncourt est en flammes. Depuis la veille au soir, l'ennemi renouvelle obstinément ses attaques, sans obtenir le moindre avantage. Partout sur son front le 146ᵉ lui oppose une barrière infranchissable, mais cadres et hommes sont exténués. Des éléments d'autres régiments du corps d'armée viennent le renforcer.

La bataille continue sans que l'ennemi puisse mordre en un seul point. Le 7, Haraucourt s'allume. C'est le jour de l'arrivée du colonel Des Mazis, nommé au commandement du régiment. Peu après un obus blesse sérieusement le commandant David. Mais cet admirable soldat ne quitte pas le champ de bataille. Ayant aperçu en un point de la ligne un flottement inquiétant, il s'y rend et, en pleine zone battue, avec un sang-froid impressionnant, réconforte les cœurs et raffermit les courages. En cet endroit des plus exposés, il reçoit une deuxième blessure qui l'oblige à se rendre au poste de secours.

Le même jour, le lieutenant Lucot, tirant lui-même sa mitrailleuse, attend l'ennemi à bout portant et se fait tuer sur sa pièce.

La lutte est tout aussi acharnée le 8. De part et d'autre ce sont des attaques sans répit. L'ennemi a réussi à se rapprocher un peu de Haraucourt, après une légère avance, vite enrayée et le 10, par une attaque heureuse, le régiment dégage Haraucourt. Mais, pendant la nuit, l'ennemi contre-attaque, et un repli du 1ᵉʳ bataillon oblige toute la ligne à rétrograder.

Il faut attaquer à nouveau. Les restes du 146ᵉ, renforcés des chasseurs à pied et d'un bataillon du 26ᵉ, tentent un nouvel effort, le 11 septembre, à 8 heures. Dès les premiers bonds, les mitrailleuses ennemies entrent en action. L'ennemi s'est solidement retranché et échappe à notre artillerie.

A 16 heures, nouvel assaut, arrêté par les mitrailleuses ennemies placées à Gellenoncourt, d'où elles prennent nos lignes d'enfilade. Il faut se dégager à la nuit.

Le repli allemand. — A ces furieux combats succède, le 12, un calme inattendu. Que s'est-il passé ? Au petit jour, nos patrouilles qui recherchent le contact rendent compte que l'ennemi s'est replié. Gellenoncourt est immédiatement occupé. Dans le clocher, dans les arbres, on retrouve des emplacements de mitrailleuses ennemies. Les tranchées ennemies contiennent des garnisons de cadavres. Des blessés prisonniers déclarent n'avoir pu être ravitaillés pendant quatre jours à cause de notre tir d'artillerie. Le terrain est couvert de matériel abandonné. De Gellenoncourt, Haraucourt et Drouville, il ne reste que des pans de murs branlants et des débris qui achèvent de se consumer.

L'ennemi a sans doute compris l'inutilité de ses attaques; il s'organise en arrière, sur les pentes à l'ouest de Serres, et semble vouloir adopter une attitude défensive,

Depuis le 31 juillet, le régiment a reçu 4.200 hommes et 75 officiers; il lui reste 17 officiers et 1.145 hommes. Il est sur la brèche depuis plus de quarante jours. Dans un ordre du jour, le commandant du corps d'armée rend hommage à la ténacité de tous.

Le 13, l'ennemi continue à rompre. L'aspect du terrain qu'il abandonne permet de constater les terribles pertes qu'il a éprouvées : des cadavres partout; des pièces d'artillerie détruites, des mitrailleuses jonchent le sol de leurs débris. Cette retraite a réellement été imposée.

Le 13, parvient l'ordre de relève de la 39ᵉ division d'infanterie, par la 79ᵉ. Le régiment arrive au terme de ses opérations sur cette terre lorraine qu'il a si généreusement arrosée de son sang et où sa résistance indomptable a contraint l'ennemi à la retraite. En outre, cette résistance a été un des facteurs de la victoire de la Marne, en assurant à l'offensive de nos armées un pivot solide à leur droite. Des officiers comptant au corps le 2 août, il reste deux capitaines qui commandent des bataillons et sept ou huit lieutenants ou sous-lieutenants.

LE 146ᵉ PENDANT LA DEUXIÈME PÉRIODE

Combats de Fouquescourt, d'Hébuterne et de Kemmel. — Combats de Neuville-Sᵗ-Waast. — Combats de Maisons-en-Champagne.

(13 septembre 1914 — 14 décembre, 1915.)

SOMMAIRE

Tandis que l'ennemi exécutait en Lorraine l'offensive que nous venons d'exposer, il cherchait la décision sur notre aile gauche par une action de plus grande envergure. Ce fut la bataille dite de Charleroi bien qu'elle s'étendît sur un front de 120 kilomètres, choc formidable qui fut suivi d'une folle et imprudente ruée ennemie à travers notre région du Nord.

Dès le 6 septembre, nos troupes, que l'ennemi croit démoralisées, passent résolument à l'offensive, l'arrêtent, le maîtrisent et le forcent à la retraite par la glorieuse victoire de la Marne que nos moyens ne nous permirent malheureusement pas de changer en déroute. Le 9 septembre, toutes les forces ennemies étaient en retraite.

La victoire de la Marne rétablit l'équilibre. Le Commandement allemand, revenant à son plan préféré, va chercher à envelopper notre gauche. Tous les renforts ennemis affluent dans la Somme et le Pas-de-Calais. Le Commandement français leur oppose de nouveaux effectifs et le front s'allonge ainsi de plus en plus vers le Nord.

Cette période, connue sous le nom de « Course à la mer », trouve le 146ᵉ sur les champs de bataille de la Somme, à Fouquescourt, et Hébuterne. Dans cette course, l'ennemi trouve toujours devant lui de nouveaux effectifs et les deux fronts atteignent la mer. Il frappe alors à coups redoublés en direction de Calais, dans la sanglante bataille des Flandres où l'on trouve le 146ᵉ au combat de Kemmel.

La guerre de positions a succédé à la guerre de mouvement. Après la bataille des Flandres, les Allemands n'entreprennent plus d'importantes opérations offensives pendant l'année 1915. Cette année est marquée par l'offensive française de la bataille d'Arras (9 mai 1915), et surtout par la tentative de rupture du front ennemi qui se termine par la victoire de Champagne—Artois (25 septembre). Le 146ᵉ prend part à ces deux opé-

rations (Neuville-Saint-Waast 9 mai 1915—Maisons-en-Champagne, 25 septembre).

La course à la mer. Fouquescourt (25-30 septembre). — Relevé en Lorraine le 13 septembre, le régiment reçoit 10 officiers et 400 hommes de renfort, part le 14 et, après plusieurs jours de marche, arrive le 20 à Domgermain, où il cantonne en vue d'un embarquement en chemin de fer.

L'embarquement commence dans la nuit du 20 et se termine pendant la journée du 21. Le débarquement a lieu le 22 à Poix et, le 25, le régiment marche de nouveau à l'ennemi. Il est arrivé au lever du jour à Rouvroy-en-Santerre. Il s'agit de reprendre Fouquescourt, dont l'ennemi s'est emparé la veille.

La formation d'approche est prise. Aussitôt Rouvroy dépassé, le régiment tombe dans une zone violemment battue par l'artillerie. La progression n'en continue pas moins par échelons; le régiment se déploie et ne tarde pas à être pris sous les terribles gerbes de mitrailleuses ennemies qui bordent Fouquescourt. Il avance toujours et parvient à une centaine de mètres du village, mais c'est en vain qu'on essaie d'aller plus loin. Le 1ᵉʳ bataillon subit des pertes particulièrement cruelles. Le capitaine Munier qui le commande est grièvement blessé. Un lieutenant le remplace. Notre artillerie tire sans discontinuer; elle hache des renforts ennemis qui sont venus se masser dans le verger du château, derrière l'église, mais elle n'arrive pas à briser l'obstacle et à ouvrir la voie. Roquescourt est en flammes.

A la tombée de la nuit, le lieutenant-colonel des Mazis ordonne un suprême effort. Lui-même donne le signal de l'assaut et tombe mortellement frappé. Cet assaut ne permet qu'une brève progression, et, pour la deuxième fois, le 146ᵉ voit son chef tomber héroïquement.

Le 26, en l'absence de chef de bataillon, un capitaine a pris le commandement du régiment. L'ennemi a évacué Fouquescourt pendant la nuit, y laissant de nombreux morts. Il ne tient sans doute pas à subir un nouvel assaut, que l'ardeur de nos soldats lui laisse prévoir. Fouquescourt est immédiatement occupé. On y trouve un nombre considérable de blessés allemands.

Les jours suivants, l'ennemi compense son échec par de violents bombardements au cours desquels le médecin aide-major Aublant, du 3e bataillon, se fait remarquer par son tranquille courage. Le commandant David rejoint le régiment le 25 et en prend le commandement.

Le 29 septembre, le 20e corps est cité à l'ordre de l'armée. Il a déjà prouvé qu'il est composé de troupes d'élite.

Le 29 au soir, le régiment, relevé par des unités du 13e C.A., fait mouvement vers le nord et cantonne le 30 à Étinehem, sur la Somme. Il est en réserve et dans cette position il exécute divers déplacements en arrière du front. Vers l'avant, la bataille ne s'apaise pas.

Le 3 octobre, le mouvement vers le nord continue en auto. Le régiment s'embarque à Morlancourt, où il était cantonné, et débarque à Mailly-Maillet, d'où, le 4 au matin, il se rend à Colincamps.

Hébuterne (4 octobre-1er novembre). — Ce même jour, il entre à nouveau sur le champ de bataille. A midi, départ pour consolider une partie du front, occupée par des régiments territoriaux. Le régiment s'établit sur le front Lassigny (Ferme)—Hébuterne. Les bombardements sont fréquents et intenses, l'ennemi agressif. Le 6, à 2h 30, alerte. Le tumulte d'une vive fusillade s'élève vers la droite. C'est Gomecourt qui vient d'être repris par les Allemands. Puis c'est Hébuterne qu'ils attaquent, mais là ils sont tenus en respect par le 146e, dans un combat qui dure toute la matinée. Devant cette résistance inébranlable, ils se retranchent devant le village et se bornent l'après-midi à un furieux bombardement. Le 7, le bombardement sur nos positions reprend plus violent et une attaque se dessine sur Hébuterne. Notre artillerie répond énergiquement. L'ennemi renonce à attaquer.

Le chef de bataillon David, nommé lieutenant-colonel, conserve le commandement du régiment. Un renfort de 400 hommes, qui porte l'effectif du régiment à 1.770 hommes environ, mérite une mention spéciale : il comprend le soldat Royal, ancien lieutenant-colonel, qui a repris du service et devient bientôt dans tout le régiment une notoriété respectée.

Il y a également le lieutenant Lecomte, blessé au 146e au

début de la guerre et qui ramène son fils âgé de seize ans, qu'il a réussi à faire engager.

Un nouveau renfort de 500 hommes arrive quelques jours après du 6e R. I. T., suivi le lendemain d'un renfort de 400 hommes. Le 13, le régiment compte 2.671 hommes.

Il occupe Hébuterne, qu'il organise fortement avec les 2e et 3e bataillons. Le 1er bataillon est détaché vers la gauche. Le 12 octobre, ce bataillon participe à l'attaque de Hannescamps. Malgré des pertes élevées, il progresse notablement. Un peloton de la 3e parvient à s'établir à 400 mètres de la lisière. Le 14, Hannescamps, évacué par l'ennemi, est occupé par le bataillon avec deux compagnies du 69e et une demi-compagnie du génie. En vain, l'ennemi tente un nouvel effort le soir, à 20 heures, pour nous disputer ce point d'appui. Son attaque dirigée sur le front Est est repoussée.

Jusqu'à la fin d'octobre, c'est la guerre de tranchées avec ses épisodes divers si souvent vécus depuis : travaux d'organisation, bombardements et accalmies, coups de main de part et d'autre. A noter seulement une forte attaque ennemie le 21 à minuit. A 2 heures, le calme renaît. Toutes nos positions ont été maintenues.

Appelé sur un autre point de l'immense champ de bataille, le régiment est relevé le 31 octobre et le 1er novembre. Le 2, il part de Couin pour se rendre à Doullens, où il sera embarqué en chemin de fer.

Le Kemmel (6-11 novembre). — Embarquement, trajet, débarquement à Steenwerke remplissent la journée du 3. Du wagon on saute dans les autos anglaises et le mouvement continue jusqu'à Elverdinghe, où s'écoulent les journées des 4 et 5 novembre.

Le 6, on part vers 2 heures, par des chemins devenus de véritables bourbiers. Il faut aider les Anglais à rétablir leur situation. Au point du jour, le régiment est rassemblé dans un vallon entre le Kemmel et le Cabaret du Pompier. La brigade a l'ordre d'attaquer en partant de Luidenhock sur Kruistraat. Le combat dure le 6 et le 7. Les 1er et 3e bataillons sont en première ligne, le 2e en soutien. Le 6, l'attaque du 146e débouche à midi; nos bataillons, malgré de lourdes pertes, n'avancent que faiblement; mais, le 7, l'attaque est reprise et la progression est plus accentuée; nous parvenons à proximité de Messines. Le régiment a pleinement rempli sa mission. La ligne est complètement et solidement rétablie. D'ailleurs, il ne s'en tient pas là. Il renouvelle ses assauts les jours suivants et réalise de nouvelles avances le 9 et le 10, jusqu'au moment où l'ordre arrive le 11 de suspendre les attaques. Il avait ainsi non seulement repris le terrain antérieurement abandonné, mais progressé au delà.

Dans les Flandres. — Le régiment passe en Belgique l'hiver 1914-1915, occupant tour à tour dans la région d'Ypres divers secteurs, dans lesquels l'accalmie est inconnue. Il faut lutter en outre contre les forces les plus irrésistibles et les plus hostiles de la nature. L'hiver, ce terrible ennemi, déchaîne ses éléments, et cette nouvelle lutte provoque chez nos soldats des efforts surhumains et des prodiges d'endurance et d'opiniâtreté.

Une relève par les Anglais était prévue pour le 15 novembre, mais nos braves alliés ne sont pas prêts; ils n'arrivent que pendant la nuit du 16 au 17, et, tandis que la bataille — la bataille pour Calais — continue à faire rage autour d'Ypres, nos soldats cinglés par le froid, fouettés par la pluie, luttant contre la boue qui décuple la fatigue, arrivent à Elverdinghe rempli de troupes, où il est presque impossible de se loger.

Et c'est ensuite la vie de secteur qui continue sur cette terre de désolation, où il semble qu'on vit dans un cataclysme permanent de la nature. Le froid raidit les membres, l'eau envahit tout, les tranchées s'éboulent, la boue règne partout. On dirait un immense naufrage.

Et dans cette grande détresse, la confiance et l'espoir restent hors d'atteinte, admirable spectacle de la souveraineté des forces morales et de la volonté sur la matière et les forces physiques.

Jusqu'au 9 avril 1915, le régiment occupe diverses parties du front, tantôt en première ligne, tantôt en réserve de secteur ou d'armée.

Partant d'Elverdinghe le 20 novembre, il vient occuper le secteur dit des « Cuisiniers », près de Langemarck. Le froid commence à attaquer les effectifs; les premiers pieds gelés apparaissent. Le bombardement d'Ypres continue; le 22, les halles et la cathédrale sont en flammes.

Puis, par suite de l'extension du front de la division vers la droite, il vient plus au sud dans le secteur de Fortuin, le 6 décembre, relevant des unités du 114e et du 125e. Le changement n'est pas avantageux. De l'eau, toujours de l'eau! On passe le temps à vider les tranchées; les évacuations pour œdème augmentent.

Nouveau secteur le 13, après un court stationnement à Elverdinghe. C'est celui de Saint-Julien, qui paraît un peu moins inhospitalier au début, mais c'est une illusion vite dissipée. La pluie ne tarde pas à le rendre affreux et l'ennemi s'y montre plus actif. Nos soldats supportent les averses d'eau et d'obus avec le même stoïcisme. On recherche tous les moyens d'améliorer leur condition. Mais que faire contre les éléments implacables ?

On revient le 1er janvier 1915 dans le secteur des « Cuisiniers », que l'on trouve un peu moins en effervescence qu'au premier séjour; puis, le 9, dans le secteur de Fortuin, où l'on remarque une activité croissante d'aviation ennemie. Enfin, le 17, retour dans le secteur de Langemarck, où le régiment demeure jusqu'au 25 février. C'est pendant cette dernière période que, le 12 février, le capitaine Arnould, dernier capitaine parti avec le régiment mobilisé, est tué d'une balle à la tête en observant un tir d'artillerie.

Le 17 février, le régiment, qui a été relevé le 15 par le 79e, repasse la frontière pour venir à Houtkerque. Il n'en faut pas plus pour provoquer une allégresse générale. Ces hommes sont contents et oublient leurs souffrances parce qu'ils ont traversé cette ligne conventionnelle, au delà de laquelle c'est la France !

A Houtkerque, où d'importants renforts arrivent, c'est le repos complet. On réorganise les cadres, la musique, les tambours et clairons. Le 1er bataillon reçoit des capotes bleu horizon, les premières distribuées. C'est la nouvelle tenue que la guerre immortalisera. Bientôt, le régiment reformé, remis sur pied, a repris sa belle allure de troupe instruite et disciplinée.

Ce séjour prend fin le 4 mars. Par Vlamertinghe, où il cantonne le 4, le régiment arrive à Zonnebecke le 5 ; le secteur s'étend de cette localité à gauche, au bois du Polygone à droite. Les trois bataillons sont en ligne. Les tranchées allemandes sont très rapprochées et le secteur est constamment en éruption. L'ennemi, largement pourvu de minenwerfer, en fait un usage continuel qui nous inflige des pertes sensibles. La 3ᵉ compagnie est durement éprouvée le 14. On est exposé en outre à la guerre de mines. De notre côté, on emploie le canon Aasen, des pétards de cheddite, des mortiers de tranchées. C'est le début des engins spéciaux à la guerre de position.

L'occupation de ce secteur se poursuit jusqu'au 9 avril, avec des alternatives de première ligne et de cantonnements, à Saint-Jean-d'Ypres, à Vlamertinghe, à Saint-Julien et à Ypres. Pendant cette période, le 25 mars, le général Nourrisson, ancien colonel du 146ᵉ, prend le commandement de la division.

OFFENSIVE D'ARTOIS

Mais une grande offensive française est prévue pour le printemps, dans la région d'Arras.

La 39ᵉ division d'infanterie en sera.

Le départ. — Le 9 avril, le 146ᵉ est relevé dans les secteurs de Zonnebecke, par les troupes anglaises. L'obscurité est complète. Nos alliés arrivent en retard. L'état du terrain ajoute des difficultés sans nombre. Cependant l'opération s'exécute sans incidents, et le régiment quitte cette terre de Belgique, témoin de ses souffrances et de son ardeur.

La première étape le conduit en autos à Bombecque où, le 12, il reçoit la visite du président Poincaré, de M. Millerand, ministre de la Guerre, et du général Gallieni.

Le mouvement reprend le 14, avec cantonnement à Staple.

Le 15, on entre dans le Pas-de-Calais, pour venir à Thérouanne. Les chemins sont bons, le ciel clément, les hommes considérablement allégés par des voitures de réquisition.

Aussi, la marche se fait allégrement et, en cours de route, la division défile devant le général Foch.

Les étapes suivantes nous conduisent à Pernes, d'où le 19, le régiment, embarqué en autos, roulé par Valhuon, La Thieuloye, Monchy-Breton, Tinques, Savy et Aubigny, pour débarquer à Hautes-Avesnes. Le cantonnement est à Marœuil, où se trouve une forte agglomération de troupes. Il y a deux régiments territoriaux (69ᵉ et 125ᵉ) et un régiment d'artillerie.

Marœuil est à 3 kilomètres des lignes. On ne s'en douterait pas, tant le secteur est étrangement calme.

Ce n'est pas pour longtemps. Le régiment est entré en secteur. L'artillerie augmente constamment. La population a l'ordre d'évacuer le village. Quelque chose se prépare.

C'est la bataille d'Arras qui va embraser le front, depuis Neuville-Saint-Waast jusqu'à Notre-Dame-de-Lorette.

Préparation de l'attaque. — Le 146ᵉ procède à l'organisation offensive du secteur et y déploie une grande activité jusqu'au 28, date à laquelle il est relevé par le 153ᵉ, pour aller au repos à Savy-Berlette où les préparatifs continuent : construction de passerelles de franchissement, distribution de vivres, de munitions, etc... L'ennemi est peut-être déjà en éveil; en tout cas, son artillerie commence à réagir et son aviation devient plus active.

Le 5 mai, nous sommes à Aubigny. Partout, les troupes affluent. On attend le grand jour. Il est d'abord fixé au 7, puis retardé de quarante-huit heures. Le 8, le régiment se porte sur Marœuil. Déjà, notre artillerie a commencé une lente préparation.

L'attaque. — Le 9, dès l'aube, nos bataillons occupent leurs positions de départ. Le 1ᵉʳ bataillon se porte de Marœuil sur la cote 84; le 2ᵉ, dans la tranchée au nord-est de Marœuil; le 3ᵉ est en position depuis deux jours dans la tranchée de première ligne. Vers 5 heures, le bombardement atteint une violence inouïe. A 6 heures, nos soldats s'élancent, précédés de l'explosion de mines, sous les tranchées allemandes.

Trois lignes de tranchées allemandes sont enlevées d'un

seul élan. Le 1er bataillon est bataillon d'assaut ; le 3e garde les tranchées de départ ; le 2e est en réserve. Des canons, des mitrailleuses, de nombreux prisonniers tombent entre nos mains.

Notre artillerie de campagne se porte en avant. A notre gauche, se trouve une division marocaine. A droite, le 153e progresse laborieusement et la bataille continue toute la journée. Matériel et prisonniers ennemis continuent à affluer.

Nos compagnies sont arrivées aux lisières de Neuville où elles s'accrochent vigoureusement. L'attaque est reprise le 10, à 10 heures. Le moral et l'entrain des troupes sont magnifiques. Mais le cimetière est puissamment organisé et fortement défendu. Le général Joffre, de la ferme Brunehaut, assiste aux opérations.

Le 11, l'attaque continue ; une triste nouvelle circule : le lieutenant-colonel David a été grièvement blessé, près des Rietz, tandis que sur une route balayée par la mitraille il observait le mouvement du régiment ; il doit abandonner son commandement. Chefs et soldats comprennent l'étendue de cette perte. Le commandant Garcin du 2e bataillon prend le commandement du régiment.

Enfin, le cimetière de Neuville tombe entre nos mains, au prix de sanglants sacrifices. Le 12, le commandant Noël, du 3e bataillon, est tué à la tête de son bataillon, avec une partie de sa liaison. Lui aussi était un chef aimé qu'on n'avait qu'à suivre, et sa disparition provoque des regrets unanimes.

A partir du 15, la lutte tourne au combat de rues. Il faut conquérir Neuville, maison par maison, cave par cave, mur par mur. L'ennemi, qui s'accroche désespérément, est traqué partout sans répit. L'artillerie de tranchées le harcèle. La lutte devient effroyable et incessante. C'est le duel terrible derrière les pans de mur.

Sur ces entrefaites, on apprend, le 16, la mort du lieutenant-colonel, à l'ambulance d'Aubigny. Le brave lieutenant-colonel David a été le digne successeur des vaillants qui ont succombé avant lui au même poste.

Le 19, nos lignes sont furieusement bombardées. La lutte dans Neuville continue. Pendant la nuit du 20, on enlève deux maisons, et le lendemain, à 20 heures, l'ennemi attaque, sans résultat. Le 37ᵉ, à notre droite, tente une attaque le 22, au soir; mais lui aussi rencontre une résistance opiniâtre. Le même jour, à 17 heures, nous avons essuyé dans Neuville une attaque ennemie qui provoque un fléchissement momentané; toutes nos positions sont bientôt rétablies. Deux nouvelles attaques, le lendemain, sont arrêtées net.

Le 23, la 78ᵉ brigade doit attaquer la cote 123; la 21ᵉ, le Labyrinthe; le 146ᵉ a pour mission de résister sur place et de redresser sa ligne. La 21ᵉ brigade avance légèrement dans le Labyrinthe. A l'ouest de Neuville, le 153ᵉ progresse par sa gauche.

Le 24, quelques maisons sont arrachées à l'ennemi. A 14ʰ 30, des masses ennemies sont signalées. Dissociées par le feu de l'artillerie et des mitrailleuses, elles ne peuvent fournir qu'une attaque sans vigueur, facilement repoussée.

Les hommes sont à bout de forces, lorsque arrive, le 24, l'ordre de relève. Les 1ᵉʳ et 2ᵉ bataillons, relevés par le 26ᵉ, gagnent Frévin-Capelle, et sont ensuite embarqués, en autos, au bois d'Habarcq, à destination d'Ivergny où ils trouveront le repos. Le 3ᵉ bataillon reste en ligne en réserve de division d'infanterie.

Le séjour au cantonnement est marqué par l'arrivée du lieutenant-colonel Mourier, nommé au commandement du régiment, la visite du général Balfourier, commandant le 20ᵉ corps d'armée, et une prise d'armes, au cours de laquelle on remet les premières croix de guerre.

Nouvelles attaques. — Il faut retourner dans l'ardent brasier de la lutte. L'ordre de départ arrive le 9 juin. Des autos nous déposent à la fourche des routes : *Saint-Pol—Avesnes-le-Comte—Arras*. A 20 heures, le régiment est en marche vers les premières lignes. Les 2ᵉ et 3ᵉ bataillons relèvent des troupes de la 5ᵉ D. I. qui occupent les lisières nord-est de Neuville-Saint-Waast; le 1ᵉʳ est en réserve. Des bombardements incessants creusent des vides cruels dans nos rangs.

Le 12, la lutte reprend âpre et sans trêve. Le 14, la 6ᵉ compagnie, en collaboration à gauche avec le 153ᵉ, enlève 100 à 120 mètres de tranchées ennemies, ce qui permet de redresser notre ligne.

Le 16, à 14h 30, nouvelle attaque par le régiment, prise, dès son débouché, sous les mitrailleuses ennemies. Seules, les 3e et 4e compagnies progressent un peu. A 16 heures, le lieutenant-colonel Mourier, blessé au bras, par balle, cède son commandement au commandant du Saillant, du 3e bataillon. Le capitaine Colmet-Daage est tué; le capitaine Bar, grièvement blessé.

On n'accorde aucun répit à l'ennemi. L'attaque se renouvelle à 19h 30. La première vague est bientôt immobilisée, sous un feu terrible. Les lieutenants Schneeberger et Simon sont tués. La deuxième vague, sous le commandement du commandant du Saillant, fait quelques progrès, mais subit de fortes pertes qui l'obligent à s'arrêter. Pendant la nuit, le régiment se reforme et il attaque à nouveau, le 17, à 16 heures. Nos compagnies d'assaut bondissent dans la tranchée ennemie et poussent des éléments en avant. Mais ceux-ci, exposés au feu de notre artillerie, sont obligés de se replier. C'est le signal d'une contre-attaque de l'ennemi qui nous enlève deux parallèles. Il n'y reste pas longtemps; une contre-attaque immédiate l'en chasse. Au cours de ces engagements, le lieutenant Gauche, tombé aux mains de l'ennemi, réussit, par son audace et son sang-froid, à s'échapper et à rentrer dans nos lignes.

Pour la deuxième fois, le régiment est désorganisé. Les hommes sont à bout de résistance physique et nerveuse. Les restes du régiment sont rassemblés et reformés le 18, au chemin des Pylônes, puis dirigés, le 19, sur Écoivres et Izelles-Hameaux. Il revient de Neuville 31 officiers et 1.632 hommes. Le 9 mai, le régiment comptait 46 officiers et 3.140 hommes.

Il faudrait une longue liste pour mentionner tous les actes héroïques accomplis.

C'est le lieutenant Rispal, qui, blessé en se portant à l'attaque, marche sur celui qui l'avait visé, le tue, prend son casque et revient tranquillement à sa place.

C'est encore le soldat Bouvet qui, voyant tomber son frère mortellement atteint, continue l'attaque et attend une accalmie pour demander l'autorisation de le rechercher et de lui porter secours.

Dernière intervention. — Izel-les-Hameaux est un bon cantonnement où le régiment reste jusqu'au 27. A cette date, il revient pour la dernière fois sur ce champ de bataille de Picardie, cette fois, dans le secteur du Labyrinthe. Il est tout d'abord placé derrière le 153ᵉ en ligne, et relève ce régiment le 1ᵉʳ juillet. Le nouveau chef de corps, le lieutenant-colonel Daydé, est arrivé le 29 juin. La vie normale dans ce secteur, c'est le combat sans trêve. Nos lignes sont bombardées continuellement ainsi que Mareuil et Etrun. L'incendie d'Arras s'allume à l'horizon.

Le 4, une attaque à la grenade sur les 3ᵉ et 4ᵉ compagnies est repoussée, mais est suivie par un redoublement du bombardement.

La relève a lieu le 5 et le 6; un bataillon vient cantonner à Ivergny; les deux autres à Izel-les-Hameaux.

Ce séjour est marqué par une nouvelle heureuse et sensationnelle : on apprend que des permissions sont instituées. Le « tuyau » circule, mettant des lueurs de joie dans tous les yeux. Est-il possible qu'après ces infernales journées, on puisse se trouver, bientôt, en quelque endroit où « ce n'est pas la guerre », où n'existe plus le devoir terrible et grandiose d'attendre la mort à chaque seconde?

A Ivergny où des autos nous ont conduits, l'allégresse est générale au premier départ de permissionnaires, qui a lieu le 6.

Le régiment ne tarde pas à quitter la Picardie. Transporté, le 13, en autos, dans la région d'Abbeville, il s'embarque le 14, en chemin de fer, à Pont-Remy, et roule vers la Lorraine où, comme l'Antée de l'antiquité, il puisera une nouvelle ardeur.

PREMIER SÉJOUR EN LORRAINE

Pour beaucoup, c'est le retour au milieu de parents et d'amis, la rentrée au milieu de paysages familiers que l'on comptait bien ne revoir que la guerre terminée. Mais cette guerre prend des proportions formidables, dans le temps et dans l'espace. Il faut se préparer à de nouvelles luttes et le présent n'est qu'un entr'acte. N'importe, on goûte avec empressement la douceur profonde de cette terre accueillante, aux larges horizons où il semble qu'on respire plus librement.

C'est le premier repos depuis le commencement de la guerre. Par repos, il faut entendre que le régiment est momentanément retiré de la bataille, mais les journées sont employées d'après un tableau de service judicieux, dans lequel l'instruction tient naturellement la plus grande place, tout en laissant la détente nécessaire.

Le régiment, débarqué à Charmes, le 15 juillet, est cantonné dans les casernes de Lunéville. Les manifestations de la guerre n'y sont pas complètement absentes. Lunéville est souvent survolé par les avions ennemis, et reçoit même quelques bombes, le 27.

Il y a peu de faits à noter pendant ce séjour de travail, dans la tranquillité : le lieutenant-colonel Daydé est fait officier de la Légion d'honneur; le lieutenant Gauche, chevalier; on constitue un peloton de pionniers-bombardiers. Vers la fin du séjour, le régiment est chargé de travaux d'organisation d'une ligne de défense devant Lunéville, dans le secteur de Frascati.

Le départ. — Le 26 août, l'ordre arrive de se tenir prêt pour un embarquement à 12 heures. De nouveau, il faut partir sans regarder en arrière. Le régiment est prêt. Successivement, les bataillons s'embarquent et par Neufchâteau, Bar-le-Duc, Revigny, arrivent à Blesmes, le 27.

BATAILLE DE CHAMPAGNE

Préparatifs. — L'heure est venue pour la France de tenter le puissant effort libérateur. La bataille de Champagne va éclater sur le front de Ville-sur-Tourbe à Auberive. Le 146e fait route vers le point d'où il s'élancera sur l'ennemi.

De Blesmes le régiment se rend de nuit dans ses cantonnements de Vanault-le-Châtel et Doncey. Les plus grandes précautions sont prises contre les avions ennemis, et les marches nocturnes continuent dans le but de dérober à l'ennemi les mouvements de troupes. Le 30, le régiment bivouaque dans les bois entre Somme-Bionne et Somme-Tourbe.

Jusqu'au 25 septembre qui sera le grand jour, c'est l'occupation du secteur remplie par les préparatifs que nécessite une pareille attaque.

Le 2e bataillon relève tout d'abord, le 31 août, 3 compagnies du 410e dans un secteur dénommé secteur K; le lendemain, les autres bataillons serrent et viennent : le 3e à la Borne 16 (route de Massiges à Mesnil); le 1er sur les pentes nord du Ravin de Marson.

On fait immédiatement la reconnaissance du terrain et, dès le 3, commencent les travaux d'aménagement. Ces travaux sont souvent interrompus par l'artillerie ennemie et par les mitrailleuses qui garnissent les ouvrages du Fer de Lance et de la Demi-Lune. Malgré les difficultés et le danger, ils sont prêts au jour fixé et exécutés dans les conditions prévues.

Le 8, le régiment est relevé par le 153e (dans l'intervalle, le 3e bataillon avait remplacé le 2e en ligne) et va cantonner à Hans et Wargemoulin. Deux bataillons font de l'instruction, un bataillon participe aux travaux dans le secteur K. Une nouveauté apparaît : le casque né de la guerre devient la coiffure de nos soldats; on trouve sa ligne heureuse et il paraît pratique. Dans quelques jours il sera glorieux (1).

Le jour approche. Le 17, retour en secteur par relève du 153e. Les travaux activement poussés avancent rapidement et les derniers préparatifs ont lieu : distribution de matériel, allégement des hommes, etc.

Le 17, on pose les gradins de franchissement, et les bataillons prennent leurs emplacements dans leur secteur d'attaque en formation préliminaire par vagues. Le 12 à 15 heures, notre artillerie exécute un tir de destruction sur les réseaux ennemis.

Le soir, le commandant Pompey du 153e vient prendre le commandement du 1er bataillon en remplacement du commandant Rouet qui a été grièvement blessé dans la matinée.

L'attaque. — 25 septembre, 9h15. — L'attaque part merveil-

---

(1) La distribution des casques au 146e eut lieu le 9 septembre. C'est une date,

leusement. Le régiment en quatre vagues, ses trois bataillons en ligne, s'élance sur son objectif : le bois de la Demi-Lune.

Bientôt le 2e bataillon, gêné par le tir de notre artillerie, appuie à gauche et entraîne dans cette déviation le 1er bataillon qui est à sa droite.

A 10h 30, les 2e et 3e bataillons s'emparent de Maisons-en-Champagne; mais le 2e, désorganisé par la lutte, reflue jusqu'à la route de Cernay. Le commandant Faveris est grièvement blessé.

Le 1er bataillon gagne péniblement du terrain. Pris sous les feux de flanc venant de la Main de Massiges, il s'infléchit à gauche. Divers éléments du régiment avec lesquels se trouve le lieutenant-colonel sont arrêtés devant la tranchée dite des 500. Cette tranchée finit par être prise à revers et, à 18 heures, 180 à 200 Allemands en sortent et se rendent.

L'attaque a été rude et sanglante. Les unités sont désunies. A 20h 30, la situation est la suivante :

Au centre, le 3e bataillon du 156e (commandant Debains).

A droite, un petit groupement du 1er bataillon sous les ordres du lieutenant Naura.

A gauche, un groupement de la 5e compagnie et de diverses autres compagnies sous les ordres du lieutenant Guillin!

A la droite du régiment, une brigade du 16e C. A. a comblé le vide qui s'était produit entre le 146e et le corps d'armée colonial. A gauche le 153e.

On a peu de renseignements sur la situation. Le commandant du Saillant serait tué; le commandant Pompey blessé, les commandants de compagnie sont presque tous hors de combat.

Les pertes s'élèvent à 25 officiers et 528 hommes.

On procède à une organisation rapide. Pendant la nuit, les commandants Pinta et de Lucey arrivent et prennent respectivement le commandement des 2e et 3e bataillons.

L'attaque de l'ouvrage de la Défaite doit avoir lieu dans la journée du 26.

Attaque de l'ouvrage de la Défaite. — L'attaque part à 15 heures et réalise une progression appréciable. Mais la capacité offensive de la troupe s'épuise rapidement à cause du manque de cadres. A 18 heures, l'arrêt est définitif et l'objectif n'est pas atteint. On ne peut que s'installer sur place en avant-postes de combat et essayer de mettre un peu d'ordre tandis que des reconnaissances sont envoyées en avant.

Reprise de l'attaque. — Le 27, à 16 heures, reprise de l'attaque. Le 146ᵉ ou plutôt ce qu'il en reste est renforcé des bataillons Rousseau et Debains du 156ᵉ. C'est une attaque générale qui doit être poussée à fond.

Les éléments de droite (bataillon Debains et groupement Naura du 146ᵉ) progressent assez facilement en repoussant une contre-attaque ennemie. Le centre et la gauche (2ᵉ et 3ᵉ bataillons du 146ᵉ, bataillon Rousseau) réussissent aussi à gagner sensiblement du terrain. Quelques groupes pénètrent même dans l'ouvrage, mais, exposés au feu de notre artillerie, ils ne peuvent s'y maintenir. Un repli s'exécute jusqu'à la route de Cernay.

Les unités sont mélangées, la confusion règne. Un regroupement s'impose. Les cadres manquent. Les commandants Pinta et de Lucey sont blessés : il reste 12 officiers.

Le 28 s'écoule en réorganisation et travaux, tout en se tenant prêt à tout événement. Des tirs de démolition sont exécutés sur l'ouvrage de la Défaite que le corps colonial doit attaquer. Le soir du 29, le 146ᵉ cède la place au 2ᵉ B. C. P. et se rend dans les abris voisins de la Borne 16, pour procéder hâtivement à une réorganisation. Un petit renfort arrive, des nominations réparent un peu les cadres et, le 1ᵉʳ octobre, le régiment vient relever le 2ᵉ B. C. P. Il place six compagnies en première ligne (1ᵉʳ bataillon et deux compagnies du 2ᵉ), deux compagnies en soutien (deux compagnies du 2ᵉ), 3ᵉ bataillon en réserve. Peu de jours après, le 80ᵉ R. I. prend une partie de la droite et le 1ᵉʳ bataillon seul reste en première ligne.

Travaux. — Le soir même on se met au travail pour creuser une nouvelle parallèle de départ en vue d'une attaque par une brigade marocaine, qui doit avoir lieu le 6. Vingt-quatre heures après, cette parallèle a déjà un mètre de profondeur. Les nombreux bombardements ennemis n'arrivent pas à ralentir les travaux, qui sont complètement achevés, gradins de franchissement compris, le 5, au moment où le régiment revient aux abris de la Borne 16. L'ennemi de son côté renforce activement ses défenses acessoires.

Le jour de l'attaque par les Marocains, le régiment alerté occupe le bastion (1er bataillon) et le fortin (2e et 3e bataillons). Il vient de recevoir un renfort de 400 hommes. Le soir il réoccupe le secteur en remplacement du 9e zouaves et jusqu'au 9, date de sa relève par le 76e, il exécute d'importants travaux de terrassement et de construction de réseaux afin d'assurer la possession définitive du terrain conquis.

Puis viennent les opérations habituelles de réorganisation et de remise en main qui suivent les périodes de combat. Le 9 octobre à Hans arrivent les commandants Jacquesson et Laugier qui prennent le commandement des 3e et 1er bataillons. Le 11, étape sur Dommartin-sur-Yèvre, le 20 sur Valmy. Une remise de décorations a lieu le lendemain sur ce terrain historique devant la statue de Kellermann.

Le 29, le lieutenant-colonel Jeanpierre prend le commandement du régiment; le lieutenant-colonel Daydé est affecté au 294e.

Les tranchées. — Les opérations du régiment en Champagne se poursuivent jusqu'au 21 décembre par une série de relèves avec le 153e; l'occupation du secteur de Maisons-en-Champagne alterne avec le cantonnement à Valmy.

En secteur, la période du 2 au 8 novembre est particulièrement active. Le 3, à 16 heures, un bombardement ennemi se déchaîne subitement, surtout par obus lacrymogènes et incendiaires. A 16h 45, fusillade, nuages jaunâtres, jets de liquides, ne laissent plus de doutes : c'est une attaque. En effet, une heure après, les Allemands surgissent devant notre compagnie de droite (11e). Ils sont arrêtés net et se bornent, le lendemain, à un bombardement furieux auquel notre artillerie donne la réplique avec une égale intensité (2,000 obus dans la journée), tandis que des travaux de renforcement sont faits pour parer à un mouvement offensif possible.

Au cantonnement, l'instruction continue. Le 3 décembre, une nouvelle C. M. est créée.

Départ. — Revenu des lignes le 14 décembre, le régiment ne doit plus y retourner. Le 21 il débarque des autos à Sogny-en-l'Angle et Heiltz-le-Maurupt, et le 28 il monte en chemin de fer à Blesmes où quatre mois auparavant il débarquait pour marcher à la bataille.

LE 146ᵉ PENDANT LA TROISIÈME PÉRIODE

Verdun — La Somme — L'Aisne.
(1ᵉʳ décembre 1915 — juin 1916)

SOMMAIRE

L'année 1916 est remplie par le plus gigantesque effort que l'Allemagne ait tenté jusque-là pour forcer la victoire. Le premier choc sur les frontières avait duré deux jours, la bataille de la Marne sept jours, la bataille des Flandres trois semaines; la bataille de Verdun durera plus de cinq mois. Du 21 février jusqu'à fin juillet, les Allemands s'acharnent sur les deux rives de la Meuse jusqu'au jour où notre implacable volonté s'est imposée à eux : On ne passe pas !

Dans cette tragique situation, la France fait preuve d'un prodigieux ressort. Non seulement elle jugule toutes les attaques sur Verdun, mais elle est en mesure de prendre victorieusement l'offensive en juillet sur la Somme, puis de reconquérir à Verdun presque tout le terrain que le bénéfice de la surprise et la violence des premières attaques avaient donné à l'ennemi.

Enfin au mois d'avril 1917, sur le front de l'Aisne, les Français s'élancent pour la deuxième fois à l'assaut des positions ennemies.

On trouve le 146ᵉ dans tous ces grands événements.

VERDUN !

Deuxième séjour en Lorraine. — Le 1ᵉʳ février 1916, le régiment s'installait dans les cantonnements de Bertrichamps, Neuf-Maisons et baraquements du bois Wombois, pour un séjour que l'on prévoyait d'une certaine durée. Sa mission était d'exécuter les travaux d'organisation défensive dans la région est de Baccarat.

Il n'y était pas venu directement de Champagne. Débarqué le 29 décembre précédent à Diarville, il avait fait un nouveau séjour en Lorraine, à Praye-sous-Vaudémont et Saint-Firmin, pendant lequel étaient arrivés le commandant Hug qui avait pris le commandement du 2ᵉ bataillon et le chef d'escadrons de cavalerie Vautrin, nommé adjoint au chef de corps.

Le 18 février, les travaux terminés, le régiment part par voie de terre, et nous le trouvons le 20 dans les cantonnements de Méhoncourt, Brémoncourt, Einvaux, où il a l'ordre de se tenir prêt à un embarquement éventuel.

Départ pour Verdun. — L'embarquement a lieu en effet le 21, à Charmes, et le débarquement, le 22, à Revigny. La ruée allemande sur Verdun s'est déchaînée la veille et la situation menace de devenir grave. Le 25, le 20ᵉ corps d'armée est mis à la disposition du général commandant la région fortifiée de Verdun. Le 146ᵉ se trouve à ce moment à Chaumont-sur-Aire et Courcelles-sur-Aire. Il se hâte vers le champ de bataille. Le même jour il s'embarque en autos, débarque à Regret et vient cantonner à la caserne Marceau, tandis que les mitrailleurs font la route à pied.

Peu d'heures après, il entre dans la mêlée ardente. Le 26 février est une dure et glorieuse journée pour le 146ᵉ, surtout pour le 3ᵉ bataillon, qui, sous l'énergique impulsion de son chef, le commandant Jacquesson, exécute une impétueuse contre-attaque qui dénoue victorieusement une situation des plus critiques.

Entrée en ligne. — Le régiment, alerté, part de la caserne Marceau à 3ʰ 15, en formation échelonnée, 3ᵉ bataillon en tête. Ce bataillon vient se placer dans le ravin situé au sud de la croupe du carréfour ouest de Douaumont.

La mission de la 39ᵉ D. I. est de tenir à tout prix le secteur Bras—carrefour ouest de Douaumont.

On ne passe pas. — L'ennemi multiplie ses attaques; au commencement de l'après-midi, il bouscule la ligne de zouaves et tirailleurs qui est devant le 3ᵉ bataillon. Les 12ᵉ et 9ᵉ compagnies le contiennent et au moment où il atteint le Calvaire, la 11e se lance à la baïonnette. Les Allemands, surpris, s'arrêtent, les 9e et 12e saisissent immédiatement l'occasion et chargent, mettent l'ennemi en fuite et le poursuivent avec les tirailleurs, dépassant même la ligne précédemment occupée.

A 16 heures, grâce à la volonté résolue de tous, tout danger est écarté.

A 16h 10, nouvelle tentative, qui avorte sous les feux de barrage de notre artillerie.

A 16h 30, pour la troisième fois et après une nouvelle préparation, l'ennemi s'élance sur nos lignes : les tirailleurs commencent à fléchir. En un clin d'œil, le commandant Jacquesson a jugé la situation, pris une décision et passé à l'exécution : il fait avancer sa réserve et jette sa première ligne en avant, baïonnette au canon. L'ennemi arrivait à la crête. Surpris, frappé de terreur devant l'apparition soudaine de cette ligne qui va l'aborder avec une résolution farouche, il oscille, lâche pied et fuit précipitamment.

Le soir, on organise le secteur, qui est limité à droite par le Calvaire, à gauche par la ferme Houdremont. Le 1er bataillon vient partager ce front avec le 3e.

Nouvelles attaques ennemies. — Les attaques ennemies se renouvellent les jours suivants, mais sans provoquer une crise comparable à celle du 26.

Le 27, forte préparation. Des rassemblements importants et des mouvements d'infiltration sont signalés, mais aucune attaque ne suit. Elle a probablement été brisée dans l'œuf par nos tirs répétés.

Il en est de même le 28 : deux attaques, à 15 heures et à 15h 30, sont disloquées dès leur début par nos tirs de barrage. Le 29, notre artillerie continue à bombarder des rassemblements ennemis.

Tous ces échecs ne découragent pas l'ennemi. Le 2 mars, à 3h 45, le bombardement atteint une intensité extraordinaire; à 9h 45 il est au paroxysme de la violence. C'est visiblement le prélude d'une action de vaste envergure. Effectivement, à 13 heures, les Allemands prennent l'offensive sur tout le front. A 13h 30, les éléments avancés de la partie droite de notre ligne, écrasés sous le nombre, se replient pied à pied sur la route Bras—Douaumont. Sur notre gauche, les Allemands attaquent en formations denses, mais ils n'arrivent nulle part à entamer nos lignes. Les compagnies ainsi que les mitrailleuses du capitaine de Vismes résistent admirablement et restent inébranlables. A 16 heures l'attaque mollit, puis s'arrête impuissante.

Le capitaine de Vismes était tué. Cette journée nous coûtait en outre 4 officiers blessés, 3 disparus; 126 tués, 301 blessés.

Le 3 s'écoule dans un calme relatif, mais le 4, l'artillerie ennemie fouille le ravin sud du Calvaire et bombarde nos deuxièmes lignes, sans doute pour isoler un objectif d'attaque. L'attaque a lieu en effet à 18 heures et subit le sort de la précédente. L'ennemi est décidément maîtrisé.

Le soir, les 1ᵉʳ et 3ᵉ bataillons sont relevés par le 153ᵉ.

Les jours suivants, les éléments du régiment rejoignent successivement les baraquements Aviation où un bataillon se tient en état d'alerte.

Le rôle du 146ᵉ est terminé sur ce point du champ de bataille. Il reparaîtra le mois suivant dans la bataille de Verdun, sur la rive gauche de la Meuse.

Cantonnements. — Dans l'intervalle, il cantonne à Saint-Dizier du 10 au 21 mars, puis à Haironville et Rupt-aux-Nonains jusqu'au 31. Ces séjours sont marqués par diverses prises d'armes pour remise de récompenses, parmi lesquelles la revue de la 39ᵉ D. I. passée à Saint-Dizier par le général Joffre et celle passée à Haironville par le prince Alexandre de Serbie, en présence du Président de la République et du général Joffre, suivie de la remise de la Croix de guerre au drapeau par le général Nourrisson (24 mars).

Deux jours auparavant, on avait appris que le régiment avait été cité à l'Ordre de l'Armée pour sa vaillance devant Douaumont.

COMBATS DE LA COTE 304

Le 31 mars, le 146ᵉ débarque des autos à Dombasle-en-Argonne, et le 5 avril il retourne à la bataille par alerte. Partant à minuit de Dombasle, il arrive à Montzéville le 6, à 2ʰ 30. Le 1ᵉʳ bataillon repart peu de temps après pour Esnes où il est à la disposition du général commandant la 11ᵉ D. I.

Il se rendra le lendemain à la cote 304, pour combler un vide qui s'est produit entre le 153ᵉ et le 79ᵉ.

Les Allemands ayant enlevé, le 7, les ouvrages dénommés : Vassincourt, Peyrou et Palavas, la reprise de ces deux derniers est décidée pour le 8 au matin et dans ce but un groupement formé d'unités du 146ᵉ et de deux bataillons du 160ᵉ est formé sous les ordres du lieutenant-colonel Jeanpierre.

Cette contre-attaque ne peut développer sa pleine puissance. Les éléments du groupement Jeanpierre opérant la nuit, sur un terrain inconnu, au milieu des difficultés sans nombre, n'arrivent qu'entre 4ʰ 30 et 5ʰ 30. A 4ʰ 30, seul, le bataillon Beurrier, du 160ᵉ, est face à son objectif ; les autres, surpris par le petit jour, ne peuvent agir ; il en résulte que l'action du bataillon Beurrier est très limitée. Le lieutenant-colonel Jeanpierre, qui, la veille, a subi une violente commotion par éclatement d'obus, se voit forcé de passer son commandement au commandant Hug.

La remise en ordre est une opération des plus laborieuses. Les mouvements prescrits dans ce but ne sont exécutés qu'en partie le 9. Cependant trois attaques de l'ennemi : 12ʰ 35, 13 heures, 14ʰ 45, ne sont pas moins brisées par nos feux de barrage et nos feux d'infanterie.

La remise en ordre continue. Il en résulte que le front du régiment est limité à gauche par la corne nord-est du bois Camard, à droite par le fond du ravin descendant de la cote 304. Ce front est tenu par les 1ᵉʳ et 3ᵉ bataillons du 146ᵉ et le bataillon Beurrier du 160ᵉ régiment d'infanterie.

L'activité des jours suivants (12 et 13) se limite à l'artillerie. Le 14, le régiment, relevé par le 2ᵉ B. C. P., gagne Béthelainville et Vignéville où il reste en réserve de D. I. jusqu'au 19.

A cette date, il s'éloigne des champs de bataille de Verdun, séjourne quelques jours aux environs de Saint-Dizier et s'achemine par voie ferrée, le 25 avril, vers la Somme où une nouvelle bataille ne tardera pas à éclater.

BATAILLE DE LA SOMME

But de l'offensive. Le départ. — Le Commandement français a résolu, en effet, d'ouvrir un nouveau champ de bataille sur cette partie du front en collaboration avec nos alliés britanniques. Notre offensive libérera une nouvelle partie du territoire national et, en aspirant les réserves allemandes, achèvera le dégagement de Verdun.

Quittant les environs de Saint-Dizier, le régiment s'embarque, le 25 avril, à Saint-Eulien, et vient débarquer dans la région de Montdidier; il y séjourne jusqu'au 8 mai, exécute divers déplacements qui l'amènent dans la région de Poix et à partir du 29, se rapproche progressivement du théâtre de la prochaine bataille.

Préparatifs. — Le 1ᵉʳ juin il aboutit à Méricourt-sur-Somme et vient s'installer dans la zone Suzanne—Bray. Le régiment commence alors la période de secteur qui précède toute attaque, pendant laquelle les chefs font les études et les reconnaissances préparatoires, les troupes exécutent les travaux et se familiarisent avec le terrain.

Pendant cette période, l'ennemi, qui sans doute « flaire quelque chose », exécute le 12 juin un tir inaccoutumé de minenwerfer. Le lendemain, à 22ʰ 30, après une rapide préparation, il tente un vigoureux coup de main qui donne lieu à une lutte corps à corps. A 24 heures, le calme renaît, nos lignes sont intactes et l'ennemi n'est certainement pas plus avancé.

La VIᵉ armée doit attaquer prochainement de concert avec les armées anglaises; le 146ᵉ aura pour objectif la lisière est du bois Favières. Travaux et reconnaissances continuent. Le régiment a reçu 72 fusils mitrailleurs qui vont faire leur début sur le champ de bataille.

Le 27 juin, les deux bataillons de première ligne sont en place : 2ᵉ à droite, 1ᵉʳ à gauche. Le 28 on achève de prendre le dispositif. Le jour de l'attaque fixé au 29 est reporté au 1ᵉʳ juillet, par suite du mauvais temps.

L'attaque du 1ᵉʳ juillet. — Le 1ᵉʳ juillet à 7 heures, les troupes sont en place : à gauche le 153ᵉ, à droite la 78ᵉ brigade. H = 7ʰ 30.

Au moment précis fixé pour l'attaque, les bataillons de première ligne (1ᵉʳ et 2ᵉ) franchissent le parapet et marchent droit sur le bois Favières, leur objectif. Vingt minutes après, ils atteignent la lisière ouest et pénètrent à l'intérieur.

Notre préparation d'artillerie, complète au sud du bois, a été insuffisante au nord. Il en résulte que le bataillon de droite (2ᵉ) peut arriver sur son objectif à la lisière est, tandis que celui de gauche (1ᵉʳ) trouve à la corne nord-est une forte résistance qui n'a pas été très ébranlée par le canon et qui oblige notre ligne à s'infléchir. L'ennemi, solidement retranché en ce point dans un fortin, est vigoureusement attaqué à la grenade, mais malgré un renforcement par des éléments du 3ᵉ bataillon, on n'arrive pas à l'en déloger.

Il faut monter une action plus puissante : elle est décidée pour 16 heures et sera confiée au commandant Jacquesson. Mais au cours de la reconnaissance préalable, ce brave officier est blessé, et l'attaque est remise au lendemain. Les pertes s'élevaient à 2 officiers, 45 hommes de troupe tués ; 6 officiers, 222 hommes blessés. Parmi les tués se trouvait le capitaine Jean, qui malgré deux blessures n'avait pas voulu quitter le commandement de sa compagnie.

Contre-attaque ennemie. — La réaction ennemie se produit le 2 juillet. Dès 3ʰ 30 il pousse de nombreuses reconnaissances vers notre front. Puis des groupes importants débouchent et parviennent jusqu'à nos réseaux. C'est une véritable contre-attaque. Balayés par nos mitrailleuses, isolés par un tir de barrage qui interdit l'arrivée de tout renfort, ces groupes n'ont d'autre ressource que de se rendre : 150 prisonniers dont 6 officiers tombent entre nos mains, ainsi que deux mitrailleuses Maxim.

Le fortin tient toujours et devient un foyer de lutte intense. Le coup de main projeté est repris le 2, à 20 heures, sous la direction du capitaine Gauche. Nos soldats s'élancent et abordent les défenseurs du fortin, mais ils sont rejetés par une contre-attaque immédiate suivie d'un tir violent d'artillerie sur nos positions. Le combat ne s'éteint qu'à 1 heure du matin. Les sous-lieutenants Cambroche et Fraret sont tués, nous perdons en outre 3 officiers blessés, 15 tués, 30 blessés.

Le 4, au matin, nouveau combat à la grenade. A la nuit, nos éléments, qui combattent sans relâche depuis plusieurs jours devant le fortin, sont relevés par un bataillon du 153e; le lendemain, le 3e bataillon du 146e relève le 2e.

L'attaque du 8 juillet. — L'offensive générale doit être reprise le 8 juillet. A gauche, la 21e brigade anglaise attaquera le bois des Trônes, puis la ferme Malzhorn.

L'attaque est fixée à 9h 30.

A ce moment précis, nos bataillons de première ligne (2e et 3e) partent avec le même entrain que le 1er juillet : ils ont comme objectif la croupe est de Hardecourt et parviennent un quart d'heure après, sans trop de pertes, au village, capturant, chemin faisant, trois mitrailleuses.

L'armée anglaise ne réalise pas l'avance prévue.

Le 2e bataillon ne peut atteindre complètement son objectif. Il prend position, sa droite dans les vergers du village, sa gauche à 80 mètres de la cote 123. Le 3e bataillon vient occuper la cote 123 par sa droite, sa gauche en direction de la ferme Malzhorn.

Le tir trop court de notre artillerie oblige notre compagnie de gauche, la 12e, à rétrograder d'une cinquantaine de mètres. Aussitôt l'ennemi contre-attaque. Le capitaine Cochin, commandant la 9e compagnie, voit le danger et entraîne sa compagnie en avant, secondé par le sous-lieutenant Imbault. Ces deux vaillants officiers sont tués à la tête de leur troupe.

On comptait, en outre, pour la journée : les sous-lieutenants Disson et Burlat tués, 6 officiers blessés; 45 tués et environ 150 blessés.

Pendant la nuit, le calme succède à la lutte. On le met à profit pour s'occuper de travaux et d'approvisionnements. La nuit suivante, du 9 au 10, le 4e B. C. P. vient relever le 146e auquel sont assignés les cantonnements de Chipilly et d'Étinehem. Le régiment reviendra en ligne le 26, pour la reprise d'offensive du 30.

Cantonnements. — Dans les cantonnements, où il reste jusqu'au 23, puis au camp de Bouzencourt, le temps est employé à l'instruction et aux mesures de réorganisation. Parmi ces dernières, il faut citer la constitution du dépôt divisionnaire et l'organisation des bataillons à trois compagnies et une C. M. Plusieurs prises d'armes ont lieu, parmi lesquelles celle du 19 juillet pour la remise de la croix de commandeur de la Légion d'honneur au général Nourrisson et de celle de chevalier au commandant Vautrin.

Le commandant Laugier, dont l'état de fatigue nécessite l'évacuation, est remplacé à la tête du 1ᵉʳ bataillon par le commandant Benier; le commandant Odonne remplace le commandant Jacquesson, blessé; enfin le commandant Caucanas succède au commandant Hug, nommé chef d'état-major de la 39ᵉ D. I.; tous les chefs de bataillon sont renouvelés depuis la dernière attaque.

Le 26, le 146ᵉ, quittant le camp de Bouzencourt, se porte en position d'attente à l'ouest de Bray, en vue de la relève qu'il doit effectuer le soir même. A la nuit, il vient occuper le secteur est de Hardecourt, 1ᵉʳ bataillon à droite, 3ᵉ à gauche, le 2ᵉ en réserve dans le bois Favières. Il est encadré entre le 160ᵉ à droite et le 153ᵉ à gauche.

L'attaque du 30 juillet. — Le régiment doit attaquer le 27 les positions au nord de Maurepas, mais l'attaque est différée et ce délai est employé à pousser les travaux et à des tirs de destruction par l'artillerie.

L'opération est fixée au 30 juillet, 4ʰ 45.

A 3ʰ 30, les bataillons sont prêts. Pendant la nuit, le 2ᵉ bataillon a serré et occupe, en réserve, les tranchées et talus intérieurs de Hardecourt.

Les bataillons de tête partent à vive allure à l'heure fixée, à travers un épais brouillard, auxiliaire précieux pour une attaque, qui masque leurs mouvements et leur évite le barrage ennemi. A 5ʰ 25, le 1ᵉʳ bataillon atteint le bois du Quesne. Le 3ᵉ, trompé par le brouillard, a fortement dévié vers la droite et empiète sur la zone de marche du 1ᵉʳ bataillon. Il arrive à se redresser et à s'établir à gauche du 1ᵉʳ bataillon, mais ne trouvant aucune liaison vers le 153ᵉ, sa gauche s'éche-lonne face au nord.

Pour étayer la position trop en flèche de ces deux bataillons, les 5ᵉ, 7ᵉ et deux sections de mitrailleuses de la C. M./2 sont poussées en avant. La 5ᵉ vient s'intercaler dans le 3ᵉ bataillon au sud du bois de l'Angle, la 7ᵉ se place en réserve du 1ᵉʳ ba-taillon. Ces mouvements survenant pendant que le 3ᵉ ba-taillon rectifie son erreur de direction provoquent un mélange de compagnies auquel il est remédié par une répartition du commandement entre les trois chefs de bataillon.

Telle est la situation à 5ʰ 45, elle ne changera plus pendant la journée.

La possession de la ferme Falfemont est indispensable pour progresser et les Anglais n'arrivent pas à l'occuper. Les mitrailleuses ennemies prennent tout mouvement sous leur feu. L'ennemi essaie de s'approcher par infiltration; il est vite arrêté par nos feux.

Ne pouvant avancer, les bataillons commencent à s'orga-niser sur place en aménageant les trous d'obus.

L'action de l'artillerie est nulle sur notre ligne avancée. Elle se concentre sur les tranchées de départ de Hardecourt dès 5 heures, lorsque les Allemands se rendent compte de l'at-taque. Au cours du bombardement, le commandant Vautrin est tué au poste d'observation.

La situation du régiment demeurait tactiquement défavo-rable. Aussi ne fut-elle pas conservée. Le soir, l'ordre est donné de reprendre les positions de départ.

Pendant toute cette journée, la liaison par avion avait donné des résultats remarquables.

On s'attend à reprendre l'attaque. « On va remettre ça », disent les hommes. Mais il n'en est rien.

Le 146ᵉ a donné trois fois depuis le commencement de l'offensive. Il sera bientôt retiré de la lutte. En attendant il poursuit énergiquement les travaux malgré les bombarde-ments ennemis qui depuis le 30 juillet deviennent plus fré-quents et plus nourris. La relève s'opère le 7 au soir par un bataillon du 1ᵉʳ mixte et le 2ᵉ B. C. P.

L'offensive de la Somme valut au régiment une citation à l'ordre du corps d'armée.

LE 146ᵉ AU BORD DE LA MER

Le Tréport. — Quelques jours après, un changement inattendu s'est opéré. Décidément cette guerre réserve des surprises et des contrastes étonnants. Le 146ᵉ est au bord de la mer, sur une plage à la mode dans le pays de Caux. Tout comme les civils on ne connaît plus la guerre que par les journaux. Qui aurait jamais pensé faire une « saison » en pleine guerre?

Le 7 août au soir le régiment quittait le secteur de Hardecourt en traversant le terrain ravagé par la bataille : tranchées écroulées à peine reconnaissables parmi les trous d'obus, abris défoncés qui ne sont plus qu'un amas informe d'où surgissent des madriers déchiquetés et des tôles tordues, bois saccagés où il ne reste que des troncs d'arbres de différentes hauteurs, suivant le point où ils ont été frappés, se terminant par un faisceau de fibres disjointes, réseaux détruits, jonchant le sol de leurs débris épars.

Un court séjour au camp du bois Gressaire et le régiment, enlevé en autos, vient s'embarquer en chemin de fer à Boves pour une destination inconnue qui devait être une halte rafraîchissante sur la route ardue du sacrifice. Il débarque le 12 août à Incheville et se rend aussitôt dans ses cantonnements : Criel, Heudelimont, Saint-Remy, à proximité du Tréport.

Cette fois nous sommes bien hors de la guerre! Le Tréport, avec ses hautes falaises, d'où la vue met de l'infini dans la pensée, est à ce moment très animé par la saison balnéaire. Les régiments du 20ᵉ corps lui apportent un contingent important de baigneurs assidus. Des baignades et des promenades au bord de la mer sont organisées dans les régiments.

Mais Le Tréport ne sera pas une Capoue. L'avenir, c'est toujours la grande œuvre à accomplir : rejeter l'ennemi hors de France. On travaille ferme. L'instruction reprend dès l'arrivée : exercices des petites unités, manœuvres de régiment et de brigade, exercices de liaison avec l'artillerie et par avion sont exécutés avec méthode et application et quand

le 8 octobre le moment du départ arrive, le régiment termine
une période des plus salutaires pour sa bonne santé morale
et physique et pour son instruction. Il est parfaitement
« en forme ».

Pendant ce séjour, le général Claret de La Touche succède
au général Balfourier au commandement du 20ᵉ C. A. Dans
le régiment, le lieutenant-colonel Notel remplace le lieutenant-
colonel Jeanpierre devenu chef d'É.-M. du 20ᵉ C. A. et le
commandant Mabille, venu de l'É.-M., remplace le commandant Odonne qui y retourne.

RETOUR SUR LE FRONT DE LA SOMME

Secteur de Sailly-Saillisel. — En quittant la Seine-Infé-
rieure le régiment se rend à Lœuilly et Tilloy-lès-Conty (à
l'est de Poix). Il fait la première partie du trajet (jusqu'au
12 octobre) par étapes et le reste en autos le 13.

C'est une nouvelle période d'instruction qui s'ouvre à
l'issue de laquelle il part le 16 novembre pour occuper un
secteur du front de la Somme. Enlevé en autos, il s'installe
au camp 13 (nord-est de Chipilly). Le lendemain 17, le 1ᵉʳ bataillon part à 23 heures pour Frégicourt où il sera en réserve
de corps d'armée. Les autres bataillons se rendent le 21 à
la halte de Maurepas, également en réserve de C. A., et le
lendemain relèvent le 160ᵉ à Sailly-Saillisel tandis que le
1ᵉʳ bataillon devient réserve de régiment à la Carrière.

Depuis nos attaques de juillet, un nouveau lambeau du
territoire a été arraché à l'ennemi par les régiments qui ont
suivi, au prix d'une lutte dont l'aspect du terrain atteste
l'acharnement. De Hardecourt, de Maurepas il ne reste aucun vestige. Partout le chaos de l'œuvre de destruction. Il
semble que la terre ait été secouée par un de ces cataclysmes
des premiers âges géologiques.

La mission du régiment est d'organiser le secteur. Le mauvais temps sévit depuis plusieurs jours. Sur le terrain boule-
versé les travaux sont à peine commencés. Les deux bataillons en ligne se mettent à l'œuvre sous la pluie tyrannique

et obsédante qui oblige à chaque instant à recommencer un travail à peine terminé. Le transport du matériel, qui ne peut se faire que par corvées, exténue les hommes, qui s'engluent dans la boue et trébuchent dans les trous d'obus. Malgré toutes ces difficultés l'organisation a fait de sérieux progrès lorsque, le 30 novembre au soir, le régiment quitte le secteur, relevé par le 160e.

Le regroupement des bataillons a lieu à Combles, dont les ruines paraissent plus émouvantes dans l'atmosphère grise de ce matin d'hiver, et le régiment, embarqué en autos à Suzanne, vient cantonner à Sailly-Laurette et Cerizy-Gailly. Le 3 décembre, un nouveau trajet en autos le ramène à Wailly et Tilloy-lès-Conty.

Le 5, le voyage continue en chemin de fer. Embarqué à Lœuilly et Conty, le régiment débarque le 7 à Bayon et Charmes d'où il se dirige sur les cantonnements de Crévéchamps, Velle-sur-Moselle et Saint-Remimont.

OFFENSIVE DE L'AISNE

Troisième séjour en Lorraine. — Le 146e est de nouveau en Lorraine. Pour la troisième fois il vient s'y préparer à de nouveaux efforts par une période d'instruction intensive et de manœuvres d'ensemble. Pendant ce temps, une importante modification organique de la division est réalisée. La division perd le 160e et se constitue à trois régiments d'infanterie : 146e, 153e, 156e formant l'infanterie divisionnaire dont le colonel de Coutard, commandant la 77e brigade, prend le commandement. Plusieurs manœuvres ont lieu au camp de Saffais.

Le départ. — Le 14 janvier, on commence les préparatifs pour un départ qui s'annonce imminent. Le 15, le régiment s'embarque en chemin de fer à la gare d'Einvaux, débarque le 16 à Mézy et cantonne le même jour à Mont-Saint-Père, Chartrèves, Jaulgonne.

Entrée en secteur. — Le stationnement ne dure pas longtemps mais n'en est pas moins employé à l'instruction. Le 22, départ pour aller occuper un secteur au nord de l'Aisne. Une première étape conduit le régiment à Saponay, Villeneuve-sur-Fère, Villemoyenne. Le 24, les autos le déposent à Vauxcéré d'où à 17 heures il part pour entrer en ligne dans le secteur dit de Madagascar. Il a ses trois bataillons accolés. A droite un corps colonial, à gauche le 153ᵉ.

Repos préparatoire. — Après quelques jours, le régiment est relevé le 29, ses deux bataillons de droite par le 6ᵉ colonial, celui de gauche par le 172ᵉ. Laissant trois compagnies des 2ᵉ et 3ᵉ bataillons à Moulins pour l'aménagement du terrain en vue d'opérations futures, le reste vient cantonner à Saint-Thiébault où le lieutenant-colonel Notel quitte le régiment, remplacé par le lieutenant-colonel de La Rupelle. En même temps le commandant Jacquesson, bien que souffrant encore de sa blessure, vient reprendre son 3ᵉ bataillon que le commandant Mabille, rappelé au G. Q. G., a quitté en Lorraine avant le départ.

A la suite de la relève de la 39ᵉ D. I. par la 153ᵉ, le régiment est ramené en arrière vers Château-Thierry. Par une série d'étapes du 15 au 18 février il arrive dans les cantonnements de Monthiers, Hautevesnes, Courchamps (avec deux compagnies à Licy-Clignon) où s'écoule une dernière période d'instruction avant l'offensive de l'Aisne d'avril 1917.

Pour la deuxième fois les armées françaises vont exécuter une vaste et puissante offensive. L'année 1916 a vu l'anéantissement des projets allemands sur Verdun. Ce n'est pas assez. Il faut maintenant tenter d'abattre la puissance ennemie.

Le terrain d'attaque du 146ᵉ sera en face le secteur de Baulne et Chivy. Il quitte ses cantonnements le 21 mars pour s'y rendre. Nous ne le suivrons pas dans ses divers déplacements ni dans ses travaux et préparatifs d'attaque. Ce sont choses connues. Ce qui frappe surtout, à cette veille de bataille, c'est que le régiment est dans un état moral magnifique. Jamais la confiance n'a été aussi solide ni la volonté aussi ferme. On sent qu'on a dans la main un outil d'une trempe incomparable.

L'attaque du 16 avril. — Le 7 avril, le régiment est ainsi disposé :

3e bataillon en ligne.

É.-M., 2e bataillon, deux compagnies du 1er, Villers-en-Prayères.

Deux compagnies du 1er, Bourg-et-Comin.

Les préparatifs continuent, ainsi que les mouvements préparatoires. Le 14, le 1er bataillon vient occuper le centre de Montfaucon, le 2e avec l'É.-M. du régiment vient à Bourg-et-Comin.

Le 15, c'est l'installation sur les emplacements de départ pour l'attaque, le 3e bataillon appuie sur sa droite pour faire place au 1er, le 2e quitte Bourg-et-Comin le soir à 20h 30 et prend son emplacement de réserve derrière le 3e.

Le front d'attaque est limité à droite au centre de Montfaucon (liaison avec la 153e D. I.), à gauche par le ruisseau du Tordoir (liaison avec le 153e R. I.). D'après le mécanisme prévu, le 2e bataillon doit marcher derrière le 3e et exécuter ultérieurement un passage de ligne pour continuer le combat.

On n'attend plus que le signal.

Ce signal, c'est un tout petit bout de papier qui parvient aux chefs de bataillon le 16 vers 4 heures, sur lequel on lit : J = 16 avril; H = 6 heures. Ces quelques mots qui arrivent en ce moment sur un front de 40 kilomètres vont jeter deux armées sur l'ennemi.

A 6 heures, les bataillons de première ligne bondissent hors de la tranchée. Aussitôt les mitrailleuses ennemies crépitent...

On croirait que l'ennemi attendait le doigt sur la détente et ce n'est pas une supposition si invraisemblable. N'a-t-on pas vu, quelques minutes avant l'attaque, un avion allemand survoler nos lignes à faible altitude et lancer des fusées?

Devant le 3e bataillon le terrain se présente en espalier. Ce bataillon n'a pas achevé de traverser nos réseaux par les passages pratiqués à l'avance et ses pertes sont déjà sensibles. Il est obligé de s'arrêter au delà.

Le 1er bataillon est en présence d'un terrain marécageux. La compagnie de droite est arrêtée près du ravin. La compagnie de gauche peut gagner la lisière nord du bois du Tordoir et faire un bond dans une tranchée ennemie, mais elle y est immobilisée par les mitrailleuses.

La recherche de la liaison avec le 153e provoque un vif combat à la grenade. Le lieutenant Larroutis, commandant la 2e compagnie, est grièvement blessé; le lieutenant Délepine, tué; le sous-lieutenant Landé-Verdier, atteint mortellement; la compagnie de réserve vient s'intercaler, le sous-lieutenant Lagaly est tué; le sous-lieutenant Eslaut, blessé.

A partir de 11 heures l'artillerie ennemie bat violemment le fond du Tordoir.

Le village de Chivy est bourré de mitrailleuses et les deux bataillons de première ligne se trouvent dans la situation difficile d'une troupe immobilisée sous le feu.

Cependant, le 2e bataillon a remplacé le 3e dans la parallèle de départ. Le mouvement prévu pour lui n'est plus possible. Lancer de nouvelles troupes sur Chivy n'aboutirait qu'à un sacrifice sans résultat. Le capitaine Freyler, commandant la 7e compagnie, qui, sous le feu, s'est porté en avant pour préparer l'engagement de sa compagnie, tombe grièvement blessé.

Mais s'il faut renoncer à l'attaque directe, il reste la ressource de la manœuvre. C'est ce parti qui est adopté. Sur la droite, les Marocains ont avancé, mais ce mouvement trop éloigné n'a eu aucune répercussion sur les défenseurs de Chivy. L'éperon nord du village, dénommé Paradis Lager, n'est pas dégagé. Si on peut occuper ce point, la résistance du village tombera. C'est la mission qui est confiée au 2e bataillon.

Ce bataillon commence immédiatement son mouvement pendant que l'artillerie procède à une préparation sur les hauteurs du Paradis Lager. Faisant face à droite, il suit la parallèle de départ pendant 800 ou 900 mètres. A 13h 15, il est face à son objectif; il s'élance en avant en formation à larges intervalles et dévale à toute allure dans le ravin, traversant presque sans pertes, grâce à la vitesse, le barrage ennemi déclenché par son apparition. Ce mouvement n'a pas échappé aux défenseurs de Chivy qui ont de bonnes raisons pour surveiller de ce côté; mais ils ne sont pas très dangereux, une dénivellation du terrain les empêche d'agir efficacement.

Le bataillon aborde la hauteur du Paradis Lager, par le haut du ravin, puis se rabat à gauche. Les derniers occupants se replient après quelques coups de fusil.

Pendant ce temps, le 3e bataillon harcelait sans répit l'ennemi et le maintenait sous une menace permanente. Il avait essayé de progresser par petits groupes, mais avait subi de fortes pertes : capitaine Saint-Guilhem, sous-lieutenants de Graveron, Clausel et Rougery, tués; lieutenant Villemot, grièvement blessé. Des groupes de la 10e compagnie avaient attaqué une mitrailleuse à la grenade. La 10e menaçait la lisière sud-est de Chivy et le lieutenant Sarrazin, grièvement blessé, avait pu glisser sa section de mitrailleuses près de la sortie sud-ouest.

Les résultats de la manœuvre sur le Paradis Lager ne tardent pas à se faire sentir. Sous la rude pression du 3e bataillon et la menace que constitue la position du 2e, la résistance faiblit et l'ennemi cherche à se replier. Les 9e et 11e ne lui en donnent pas le temps et sautent sur le village dont presque tous les défenseurs sont faits prisonniers.

Chivy est dépassé et le mouvement en avant se continue sans arrêt. Les deux bataillons libérés de l'obstacle atteignent, d'un seul élan, le rebord sud du plateau du Chemin des Dames, et occupent une ancienne tranchée ennemie appelée tranchée de la Saale. Mais fortement éprouvés, ils ne peuvent que s'organiser sur place. Le 2e bataillon, reprenant son rôle de bataillon de deuxième ligne, occupe solidement le Paradis Lager. L'artillerie ennemie exécute inutilement de violents tirs de barrage en arrière, dans le ravin de Chivy. Cette journée coûte 7 officiers, 55 hommes tués; 6 officiers, 192 hommes blessés. Parmi les tués, figurait l'abbé Remy, dont le dévouement était proverbial et qu'on voyait constamment circuler en première ligne, sous les feux les plus violents.

La reprise de l'attaque n'est pas ordonnée et le régiment reste sur la position conquise jusqu'au 21, au soir. Le 18, le 2e bataillon relève le troisième dans la tranchée de la Saale. A droite, les zouaves ont remplacé les Marocains.

Du 17 au 22, les bataillons exécutent une série d'actions offensives de détail qui améliorent nos positions et affirment notre supériorité. Le 17, plusieurs attaques à la grenade se heurtent à une résistance opiniâtre. Le 18, la lutte reprend avec violence.

Le 20, un coup de main tenté par les éléments du 2e bataillon sur la tranchée de la Voile est arrêté par un réseau intact, et il faut attendre la nuit pour se replier.

Cantonnements. — Le 21 au soir, relève par le 37e. Le régiment cantonne à Paars et Vauxcéré. Ce dernier cantonnement, occupé par le 2e bataillon, est quelques jours après échangé pour celui de Vauxtin.

Le 5 mai, le régiment est à Œuilly, en réserve de corps d'armée. Il n'a pas à intervenir et rentre le 7 dans les cantonnements de Paars et Vauxtin.

C'est là qu'on apprend que le 146e est cité à l'ordre de l'armée pour sa brillante conduite sur l'Aisne. Cette récompense est accueillie avec joie, car elle entraîne le droit au port d'un insigne envié : la fourragère.

La lutte pour la conservation du Chemin des Dames (mai 1917). — Le rôle du 146e dans l'offensive de l'Aisne ne se borne pas à l'attaque du 16 avril. Dans la deuxième quinzaine de mai, il est de nouveau engagé dans des combats incessants dans le secteur d'Ostel et il déploie dans la défensive autant de ténacité et de fermeté qu'il avait déployé d'entrain et de vigueur dans l'offensive.

L'occupation du secteur d'Ostel commence le 14 mai. Le 2e bataillon est en ligne, sa gauche à l'Épine de Chevrigny; le 1er en réserve au Château-Ruine, dans le ravin d'Ostel; le 3e en réserve d'I. D., au bois de la Goutte d'Or.

Le bataillon en ligne occupe un terrain dont l'organisation défensive est à peine commencée; il n'y a aucune défense accessoire et il est en présence d'un ennemi qui entend nous disputer âprement la possession du Chemin des Dames, ainsi que le prouvent les événements des jours suivants.

L'ennemi, en effet, multiplie les attaques, lance ses stosstrupps en assauts répétés, bombarde sans arrêt nos positions, surveille étroitement nos troupes par son aviation toujours en activité. Mais il ne peut mordre. Tous ses efforts pour nous rejeter sur l'Aisne n'obtiennent que des fluctuations insignifiantes et se brisent contre une résistance insurmontable. Il suffira d'énumérer les épisodes principaux de ces journées, véritables journées de bataille, pour avoir une idée de la rude tâche accomplie par le régiment.

Le 16, au matin, à la faveur du brouillard, l'ennemi lance une forte attaque sur la gauche de notre ligne et parvient à prendre pied sur un point. Trois anciens abris de batteries ennemies sont le théâtre d'une lutte ardente. Le petit groupe de combat qui occupe ce point tient toute la journée quoique presque complètement encerclé. Mais le soir, un nouvel assaut a raison de sa résistance, après qu'il a épuisé toutes ses munitions en grenades et cartouches. Le lieutenant de Vrégille est grièvement blessé et ne survivra pas à sa blessure.

Le 17, un vigoureux coup de main nous rend une partie du terrain cédé la veille. Le sous-lieutenant Durel est tué. Les Allemands ripostent aussitôt, mais sans résultat, par une énergique contre-attaque.

Le 18, de 3h 30 à 5 heures, une attaque importante, qui dépasse les proportions d'un coup de main, déploie les efforts les plus violents pour ébranler nos lignes. C'est en vain. Elle n'arrive pas à les aborder. Décimé par notre feu, l'ennemi se replie avec de lourdes pertes. On aperçoit, après le combat, le terrain jonché de cadavres ennemis. Cependant, à 18h 15, une nouvelle attaque nous oblige à céder un élément de tranchée, mais nous faisons une dizaine de prisonniers.

Le lendemain, 19, à 16 heures, une petite action offensive, combinée avec des éléments du 156e qui est à notre droite, dégage la droite de notre ligne où l'ennemi était particulièrement menaçant.

A la nuit, le 2e bataillon est relevé par le 1er.

Devant l'inutilité de ses attaques qui lui coûtent de gros sacrifices, l'ennemi devient moins entreprenant, mais son artillerie n'en devient que plus active, les tirs de harcèlement par tous calibres sont continuels. Dans la nuit du 25 au 26, le secteur du régiment, jusqu'en arrière d'Ostel, est soumis à un tir d'obus à gaz qui dure de 22 heures à 5h 45, à raison de 2.000 obus à l'heure !

Le 27, le 2e bataillon revient en ligne.

Malgré cet état d'alerte continuelle et les harcèlements de

l'artillerie, les travaux d'organisation sont entrepris et des réseaux de fil de fer construits.

Le transport du matériel et le ravitaillement sont des entreprises des plus périlleuses, mais qui n'arrêtent personne et suscitent le dévouement de tous. On voit le chef de musique Delbove, aussi brave soldat que distingué musicien, conduire des corvées jusqu'aux tranchées les plus avancées.

Lorsque le régiment est relevé, le 2 juin au soir, il laisse une position dont la valeur défensive est considérablement accrue.

QUATRIÈME SÉJOUR EN LORRAINE

Retiré de la lutte après ces journées d'épuisement physique et nerveux, le 146ᵉ s'achemine vers la Lorraine. Quelques jours d'étapes, et il s'embarque à Longpont, à destination de Pont-Saint-Vincent. Débarqué le 8 juin, il s'installe dans les cantonnements de Ville-en-Vermois, Lupcourt, Azelot.

Peu de jours après, le lieutenant-colonel de La Rupelle tombe gravement malade et est évacué.

La fourragère. — Le 23 juin est une date mémorable. Au cours d'une prise d'armes près d'Azelot, le général Mazilier, commandant le 20ᵉ corps d'armée, attache au drapeau la fourragère que le régiment vient de mériter par sa deuxième citation à l'Ordre de l'Armée.

Le départ ne tarde pas. La 39ᵉ D. I. doit occuper le secteur de Custines et le 146ᵉ est affecté au sous-secteur d'Atton occupé par le 212ᵉ.

La relève a lieu le 28.

Secteur de Pont-à-Mousson. — C'est la première fois que le régiment se rend dans un secteur ni pour attaquer ni pour contre-attaquer. Et ce secteur est bien le plus extraordinaire qu'on puisse imaginer. On y compte les coups de canon tombés dans la journée. Une compagnie est chargé d'un front de plusieurs kilomètres. Pont-à-Mousson, à 1.200 mètres de l'ennemi, contient de nombreux habitants. C'est bien le secteur de tout repos où la guerre prend un aspect presque inoffensif. Elle ressemble plutôt à du « service » qu'à ce terrible drame si souvent vécu jusqu'alors. Cette situation si nouvelle est même un peu déconcertante au début. Mais on s'adapte facilement au présent quand il est meilleur que le passé.

D'ailleurs, le régiment ne se borne pas à monter la garde passivement. Toutes les nuits, des patrouilles actives circulent jusqu'au contact de l'ennemi. La boucle de la Moselle au nord de Pont-à-Mousson, le bois de la Tête d'Or, le bois de la Voivrotte, la ferme Bel-Air, Cheminot et les bords de la Seille sont fréquemment visités. On ne rencontre presque jamais de détachements ennemis. La nuit venue, le terrain qui sépare les lignes nous appartient sans conteste.

Secteur de Jeandelaincourt. — Le régiment change de sous-secteur le 15 octobre. Il vient relever le 37ᵉ dans le sous-secteur de Jeandelaincourt qui se trouve à l'est du précédent, mais c'est toujours le même régime et la même tranquillité.

Il y a donc peu à dire sur ces quelques mois qu'aucun évènement de guerre digne d'être rapporté ne vient troubler. Il nous reste à noter, pour clore cette période, l'arrivée, le 30 juin, du lieutenant-colonel Grasset, nommé au commandement du 146ᵉ et l'envoi à Paris d'un détachement, avec le drapeau, sous les ordres du capitaine Tropet, pour représenter le régiment à la revue du 14 juillet.

Quittant le sous-secteur de Jeandelaincourt, le régiment s'embarque en autos, les 1ᵉʳ et 2 novembre, à Sivry, et vient stationner au sud de Toul, à Allain, Bagneux, Crésilles, où il reste jusqu'au 2 décembre. Instruction, tirs, concours de toute nature remplissent ce mois de cantonnement qui est marqué en outre par une visite du général Pétain qui, le 6 novembre, réunit à Blénod-les-Toul, au Q. G. de la division, les chefs de corps, chefs de bataillon et commandants de compagnie. Le général commandant en chef pose des questions sur différents sujets et annonce que la citation à l'Ordre de l'Armée du 20ᵉ corps d'armée, en date du 29 novembre 1914, comptera comme citation pour chacun des régiments (1).

---

(1) Par cette décision le 146ᵉ devenait titulaire de trois citations à l'Ordre de l'Armée.

Le régiment retourne dans le secteur de Pont-à-Mousson pour exécuter des travaux derrière les premières lignes, sur la rive gauche de la Moselle. Le 1ᵉʳ bataillon part le 21 novembre, le 3ᵉ bataillon et la 5ᵉ compagnie le 24, le reste du régiment le 2 décembre.

Le 10 janvier, quatre trains partent successivement de Toul, emportant le régiment vers de nouveaux cantonnements, non loin de Bar-le-Duc, qui seront Guerpont, Ligny-en-Barrois, Tronville.

Il ne tarde pas à se retrouver près du champ de bataille où, deux ans auparavant, sa valeur s'était si hautement affirmée.

LE 146ᵉ PENDANT LA QUATRIÈME PÉRIODE

Verdun — Le Kemmel — Retraite de l'Aisne — Offensive de Château-Thierry et poursuite — Saint-Mihiel.

(Janvier 1918 — 11 novembre 1918.)

SOMMAIRE

L'année 1918, — l'année de la victoire, — s'ouvre pour la France sur les plus inquiétantes perspectives. La trahison russe est consommée et aboutira, le 9 février 1918, au honteux traité de Brest-Litowsk. Débarrassée de son front oriental, l'Allemagne ne doute plus de l'écrasement prochain de ses ennemis du front occidental.

Comme en 1914, des espoirs insensés naissent dans l'armée et dans le peuple. Le « Nach Paris » retentit à nouveau, farouche et triomphal. L'aide américaine? C'est l'objet de leurs sarcasmes et de leurs railleries, comme au début l'armée anglaise avait été l'objet de leur mépris. Ils la considèrent pour longtemps négligeable. A ce moment, ils auront la victoire et l'Allemagne aura dicté la paix à Paris.

Un immense courant achemine vers le front français les divisions allemandes libérées du front russe. Dès la fin février, 204 divisions sont identifiées. Si on en déduit 124 nécessaires pour tenir le front, c'est une masse formidable de 80 divisions qui reste pour le choc suprême. Avec nos alliés, nous n'avons que 160 divisions en tout à leur opposer.

En même temps, l'Allemagne cherche à frapper les esprits. Elle annonce à grand fracas l'offensive prochaine, irrésistible. Ses journaux, ses agences prédisent l'écrasement de la France et claironnent à tout l'univers : Vous allez voir l'Allemagne invincible et triomphante ! »

La France impassible, résolue, attend l'orage l'œil clair, la raison froide, sans se laisser énerver par la jactance ennemie ni émouvoir par les indices qui annoncent la partie suprême.

Il éclate le 21 mars sur l'armée anglaise. Le plan ennemi est de pratiquer une brèche profonde sur l'Oise, au point de soudure avec les armées françaises, puis de rejeter les Anglais à la côte tandis qu'on marcherait sur Paris. Le coup est manqué.

L'ennemi tente alors une diversion dans les Flandres et le péril pour nous, un moment pressant, est bientôt conjuré.

Une troisième et vaste offensive est lancée sur l'Aisne. Les Allemands atteignent la Marne. La situation est un moment angoissante. Cependant le coup terrible est paré.

L'ennemi veut en finir. Le 15 juillet, il tente un effort désespéré en Champagne. Cette fois l'échec devient un désastre. Les armées françaises et alliées reprennent partout l'offensive. Partout l'ennemi lâche pied et le 6 novembre, une délégation quitte Berlin pour venir solliciter un armistice.

On s'attend à trouver la 39e D. I. au plus fort de ces tragiques mêlées : Elle y est en effet :

Au Kemmel, en avril 1918, où elle barre définitivement la route vers la mer.

Dans l'Aisne, en mai 1918, où elle lutte pied à pied contre des forces ennemies écrasantes.

Enfin dans le dernier effort pour la victoire à Château-Thierry et à Saint-Mihiel.

VERDUN 1918

Ordre du Régiment, n° 9, du 15 janvier 1918 :

« Le 146e occupera dans deux jours une région où il retrouvera des souvenirs tragiques et glorieux.

« Nous saluerons tous la mémoire de nos camarades tombés en 1916, et si l'ennemi dans un dernier effort, cherchait à renouveler ses tentatives, il verrait se dresser devant lui, comme il y a deux ans, la même volonté implacable qui le briserait. »

C'est en ces termes que fut notifié au régiment l'ordre qui lui confiait un secteur dans lequel il s'était illustré deux ans auparavant.

Deuxième séjour à Verdun. — Le régiment passe les premiers mois de 1918 dans le sous-secteur de Vacherauville qu'il vient occuper le 17 janvier. Un bataillon tient la cote 344, un bataillon est en deuxième ligne dans le ravin de Vaudoine, le dernier en réserve à Verdun ou à la cote du Poivre.

Revenu sur le terrain où se déroula la gigantesque bataille, deux ans auparavant, il retrouve l'ennemi ramené dans ses lignes du début de 1916. Tous ces souvenirs sont d'un passé déjà presque lointain. Le présent, c'est l'attente d'une lutte prochaine que l'on pressent peut-être encore plus formidable.

L'offensive ennemie est en effet annoncée bruyamment. Où se produira-t-elle ?

A de certains moments, on croirait que les Allemands vont de nouveau s'acharner sur Verdun.

Ce n'est pas en effet le « secteur calme ». Le canon ne se tait jamais. De forts coups de main, véritables attaques, sont lancés sur nos lignes. Chaque jour, de nombreux drachens ponctuent le ciel au-dessus de l'horizon et l'aviation ennemie travaille sans arrêt. C'est pendant deux mois et demi l'atmosphère du combat. Au cours d'un bombardement, le capitaine Gauche est tué, belle figure du régiment par le rayonnement de sa bravoure et de sa jeunesse.

Le 5 mars, un coup de main particulièrement violent, précédé d'une forte préparation d'artillerie, attaque la 7e compagnie. Mais le lieutenant Calvin est là : c'est lui qui la commande et qui l'a formée. Sous son énergique impulsion, elle oppose une barrière infranchissable et l'ennemi se retire impuissant et poursuivi. Il laisse sur le terrain 3 tués et un important matériel de destruction, parmi lequel on trouve des charges allongées de pétards déjà poussées sous nos réseaux.

Dans la nuit du 12 au 13 mars, un tir forcené par obus toxiques nous cause de graves pertes, malgré toutes les précautions prises et malgré le dévouement de tout le service médical du régiment. Le Dr Turcan, chef du service, dirige les secours avec sa haute conscience professionnelle et son abnégation de soldat, jusqu'au moment où gravement atteint lui-même, il est à bout de forces.

Cette période peut compter parmi les plus dures que le régiment ait traversées. Ce n'est plus le combat qui exalte et qui généralement dure peu, mais la tâche obscure et ardue, la continuité de l'effort, la tension de tous les ressorts physiques et moraux.

Relevé fin mars, le régiment vient cantonner au nord-ouest de Bar-le-Duc, d'où il part par étapes après un court séjour. Il fait quelques jours de route, puis le chemin de fer l'emporte à l'autre extrémité du front, en Belgique, où on ne tardera pas à avoir besoin de lui.

Le KEMMEL (25 avril-4 mai)

Le 25 avril, le régiment qui occupe, depuis son arrivée, des fermes éparses autour d'une agglomération nommée Le Drogland est alerté et part vers midi.

On a appris tout à coup que les Allemands ont pris le mont Kemmel et que les Anglais débordés sont hors d'état d'opposer une résistance sérieuse. Si l'ennemi conquiert la ligne avancée des monts (Scherpenberg—mont Rouge—mont des Cats) c'est pour lui le terrain libre jusqu'à la mer. C'est un événement dont les conséquences peuvent avoir une portée incalculable.

Engagement de la division. — En toute hâte, la 39e division est dirigée sur le point critique. Le 146e arrive dans l'après-midi du 25, à Hofgraaf, au nord-ouest de Reninghelst. L'ordre est donné de contre-attaquer le 26, à 3 heures. L'urgence ne permet aucune reconnaissance. Il faut marcher à l'ennemi.

La division part : le 146e est en deuxième ligne derrière les deux autres régiments. Il a deux bataillons en réserve de I. D., un bataillon en réserve de D. I.

On marche à l'ennemi par un brouillard opaque, sur un terrain détrempé et sous les rafales d'obus. Le contact est pris par les régiments de première ligne sur la ligne Locre—La Clytte.

Le même soir, afin de s'établir plus solidement, le 146e entre en ligne, entre le 156e à droite et le 153e à gauche. La division a ainsi ses trois régiments accolés.

Le bataillon Benier est en ligne. Le bataillon Jacquesson, en soutien. Le 2e bataillon est en réserve de D. I. Le capitaine Béthouart en a pris le commandement en remplacement du commandant Caucanas, nommé adjoint au chef de corps.

Attaque ennemie du 29 avril. — Mais l'ennemi n'a pas renoncé à déboucher dans la plaine. Il n'y renoncera qu'après une violente tentative le 29, qui le convaincra que la route est définitivement barrée par la 39e division.

Ce jour-là, après avoir préludé par un bombardement effroyable, commencé à 3ʰ 30, l'ennemi tente vers 7 heures, un suprême effort qui vient se briser irrémédiablement sur la magnifique résistance de nos soldats.

Le 1ᵉʳ bataillon reçoit le choc. Des nuées d'avions ennemis (on a pu compter jusqu'à 32 avions réunis) accompagnent les vagues d'assaut et prennent effectivement part à l'attaque par leurs mitrailleuses qui crépitent sans arrêt.

Les 3ᵉ et 2ᵉ compagnies en ligne ouvrent un feu terrible. La C. M./1 y participe avec une rage infernale.

A ce moment, et presque en première ligne ennemie, une batterie probablement amenée pendant la nuit se révèle brusquement : avant qu'elle ait pu nuire sérieusement, nos mitrailleurs ont abattu attelages et canonniers; les pièces abandonnées se taisent.

Les vagues ennemies, bientôt décimées, s'arrêtent et ont recours à l'infiltration. Ce procédé leur permet d'aborder notre ligne sur la droite. Mais la 3ᵉ compagnie reste inébranlable, soutenue par le feu terriblement meurtrier de la section de mitrailleuses du sous-lieutenant Vilnat. Ce mouvement est vite limité malgré le tir d'accompagnement ennemi et ses rafales de mitrailleuses.

Vers 10 heures, l'attaque est brisée. Ce qui reste de tirailleurs ennemis ne pense plus qu'à se terrer, puis à fuir. Le mouvement de retraite commence à 11 heures. Quelques isolés d'abord, puis des groupes filent rapidement vers l'arrière offrant une cible facile à nos soldats.

A midi, tout est terminé. Rien ne bouge plus devant nos lignes. Le régiment, comme une puissance terrible mue par une seule volonté, est un roc que rien n'a pu entamer. Mais nos pertes sont cruelles : au 1ᵉʳ bataillon, une élite de jeunes officiers a payé de sa vie le succès de la journée. Ce sont les sous-lieutenants Bury, Lemaire, Binet, Fraslin, Guerry.

Pendant cette même journée, dans l'après-midi, le 2ᵉ bataillon, réserve de D. I., avait été envoyé dans le secteur du 156ᵉ. La situation était devenue un moment critique, au point appelé Hyde-Park entre le Scherpenberg et le mont Rouge.

En ce point où se faisait la liaison avec la division voisine de droite, l'ennemi s'était infiltré et ses progrès devenaient inquiétants.

Le 2ᵉ bataillon reçoit l'ordre de s'engager pour maintenir cette liaison. Il remplit complètement sa mission, et tient en échec toute menace ennemie.

La journée du 29 avril est pour le régiment d'une tragique beauté. On ne peut imaginer une liaison plus intime de tous les moyens de l'infanterie; fusils, mitrailleuses, grenades, engins d'accompagnement, tout est employé avec sûreté et à la minute voulue. Les contre-attaques des petits éléments se déclenchent d'elles mêmes. Et dans cette mêlée furieuse, les jeunes soldats de la classe 1918 qui voient le feu pour la première fois, subissent l'exaltation du succès et se montrent parmi les plus ardents. Le section de mitrailleuses du sous-lieutenant Vilnat avait tiré 30.000 cartouches.

Les circonstances les plus dramatiques contiennent parfois un incident comique ou simplement amusant; il ne manque pas le 29 avril. C'est la curieuse aventure du sous-lieutenant Gugelman. Ce brave officier était porté disparu vers midi. Le soir, on le voit revenir avec quatre prisonniers. Il avait passé une journée fertile en émotions. Parti à la contre-attaque le matin, il tombe sous une rafale d'obus qui oblige sa section à s'abriter. Il saute dans un trou d'obus avec le caporal Champion. Mais ce trou est déjà occupé; il y a deux Allemands. Gugelmann en blesse un et désarme l'autre. Après cette brutale entrée en relations, on cause. Qui est prisonnier ? C'est l'objet d'une grave discussion dans laquelle l'officier qui parle couramment l'allemand convainc ses interlocuteurs que c'est une excellente affaire de se laisser emmener. Deux autres soldats ennemis passant à proximité, il leur saute devant en les sommant de jeter leur fusil. Surpris, ils s'exécutent et le soir, les quatre prisonniers sont ramenés dans nos lignes. Malheureusement, avant d'arriver, le caporal Champion est tué.

Enlèvement de la ferme Butterfly par le 3ᵉ bataillon. — Le 29 avril, l'ennemi avait été saisi à la gorge, maîtrisé, rendu impuissant. Mais ce n'est pas suffisant. Il nous faut une position plus solide que celle que nous a donnée le combat du 29.

Dans ce but, une opération est ordonnée pour le 4 mai. Il

s'agit de porter le front sur la ligne : Brulooze-Cabaret—Ferme Butterfly—Le Pompier.

L'opération est confiée au commandant Jacquesson qui, pendant la nuit du 29 au 30, a relevé en première ligne le bataillon Benier. Il a pour objectif la ferme Butterfly.

Soigneusement préparée et vigoureusement exécutée, l'attaque réussit parfaitement.

Favorisées par le brouillard, les deux compagnies de première ligne s'élancent et échappent par la vitesse au barrage ennemi qui s'applique inoffensif en arrière d'elles. Les groupes avancés ennemis tombent sans coup férir. Les groupes en arrière sont abordés avec un tel élan qu'ils s'enfuient. Les mitrailleuses ennemies sont immédiatement prises à partie par nos mitrailleuses ou par le canon de 37. Une section de la 9e aborde un groupe de mitrailleurs ennemis sur le point de se ressaisir. Le chef de section, le sous-lieutenant Quéguiner, saute au milieu d'eux et les fait prisonniers, avant qu'ils aient pu faire la moindre résistance.

Une section de la 10e qui avait l'objectif principal : ferme Butterfly, s'élance sur la ferme, sans s'occuper des mitrailleuses ennemies, immédiatement battues par tous nos engins d'accompagnement et réduites à l'impuissance. La vigueur de son élan est telle qu'une trentaine d'ennemis terrés se rendent sans essayer la moindre résistance.

A 5 heures, tous les objectifs sont atteints avec de très faibles pertes. Une compagnie est lancée en reconnaissance. Elle tombe sur une compagnie allemande qui sortait d'abris dont on ignorait l'existence. Cette compagnie accablée de V. B. est mise en fuite, avant d'esquisser le moindre geste.

Attaque du 3 mai par le 2e bataillon. — De son côté, le 2e bataillon toujours dans le secteur du 156e avait exécuté une opération analogue, le 3 mai.

Après avoir rétabli la situation, le 29 avril, devant Hyde-Park, comme il a été dit plus haut, il fallait, pour la consolider, rejeter l'ennemi du bois des Couronnes et de la route Locre—Brulooze-Cabaret.

C'est dans ce but que le 3 mai, dans la soirée, ce bataillon se porte à l'attaque et atteint son objectif, malgré la furieuse résistance de l'ennemi. Le capitaine Tropet avait remplacé le capitaine Berthouart blessé dans les combats précédents. Au cours de cette attaque, la 7ᵉ compagnie a une tâche particulièrement dure. Elle arrive devant une maison dont l'ennemi a fait un îlot de résistance solide qui crache la mitraille de toutes parts, mais qui habilement manœuvré, finit par tomber. Le lieutenant Calvin, qui avait conduit l'attaque avec une adresse remarquable et un sang-froid impressionnant, était mortellement blessé, une jambe broyée, l'autre grièvement atteinte. Dominant sa douleur, il passe avec le plus grand calme son commandement à un officier, en donnant minutieusement toutes les instructions que comporte la situation, demande une cigarette en déclarant que c'est la dernière et ajoute : « Je suis perdu, mais l'objectif est atteint, c'est l'essentiel. »

Il meurt le lendemain à l'hôpital d'évacuation de Rousbrugge.

Dans la liste des braves tombés au Kemmel le nom du colonel de Coutard brille d'un pur éclat.

Départ. — Le régiment est relevé pendant la nuit du 4 au 5 mai. Il laisse une situation nette et solide.

Les combats du Kemmel valurent au régiment sa quatrième citation à l'Ordre de l'Armée.

Après quelques journées passées à Loon-Plage, le 146ᵉ part de Gravelines en chemin de fer, et vient s'installer en cantonnements de repos, près de Villers-Cotterêts, à Corcy, Dampleux, Faverolles. C'est pendant cette période que le colonel Moisson prend le commandement de l'I. D. 39.

L'AISNE (26 mai-4 juin 1918)

L'ennemi, malgré la violence du coup porté aux Anglais et aux Portugais, le 21 mars, n'a pas obtenu la solution décisive qu'il espérait. Il n'a pas réussi davantage au Kemmel, où, nous l'avons vu, le régiment a contribué pour une large part à lui barrer la route. Mais il a encore de nombreuses divisions disponibles et entraînées et une surabondance de matériel. Il va se ruer contre cette position du Chemin des Dames qu'il avait disputée si âprement en 1917, et si inutilement que nous la considérions un peu comme inexpugnable.

Dans la nuit du 25 au 26 mai, un aspirant allemand fait prisonnier, a annoncé l'attaque pour le 27, au matin.

Départ et engagement du régiment. — Le 26 mai, vers 21 heures, le régiment est alerté dans les cantonnements qu'il occupait à l'est de Villers-Cotterêts, depuis son retour des Flandres et des automobiles américaines le débarquent le 27, à 5 heures, à Chassemy, petit village entre Aisne et Vesle, proche du confluent de ces deux rivières.

Deux heures de repos dans les champignonnières du voisinage et le régiment va prendre position sur la rive sud de l'Aisne. Son front s'étend sur plus de 7 kilomètres, depuis la route de Chassemy à Vailly où le 1er bataillon est en liaison avec le 153e régiment d'infanterie, jusqu'au village de Saint-Mard où le 3e bataillon n'a que le vide à sa droite.

La lutte paraît s'être apaisée quand nous apprenons, par quelques artilleurs qui refluent, que les Allemands ont franchi le Chemin des Dames et descendent en force vers l'Aisne.

Notre position paraît solide. Devant nous, le canal, quelques centaines de mètres après, l'Aisne; entre les deux, une zone parfaitement plate, superbe champ de tir. Et au delà, les pentes qui descendent du Chemin des Dames par où nous verrons bien arriver l'ennemi. Vers midi un convoi allemand paraît sur la route d'Ostel. Nos mitrailleuses l'obligent à faire demi-tour.

Attaque ennemie. — Vers 14 heures, nous commençons à être bombardés. L'infanterie allemande apparaît de l'autre côté de l'Aisne et la bataille s'engage.

Grâce à l'herbe haute et à quelques couverts, des Allemands réussissent à s'infiltrer et assaillent à la grenade les éléments les plus avancés de notre bataillon du centre.

Devant le régiment cependant, leur progression reste difficile, lente et presque nulle. Mais, à droite, ils trouvent le chemin libre et avancent par là très rapidement. Le 28, à

1 heure, ils sont à Mont-Notre-Dame, c'est-à dire à plus de 15 kilomètres au sud de nos emplacements. Aux attaques de face va donc s'ajouter le danger autrement plus grave et menaçant qui viendra de droite et bientôt de derrière. Sous la pression de plus en plus forte de masses sans cesse augmentées et renouvelées, il va falloir se résoudre à la retraite.

Le 28 au matin, le régiment est presque cerné et, pour se dégager, subit des pertes cruelles. Le petit nombre qui peut échapper se replie vers Chassemy, traverse la Vesle, vers Ciry-Salsogne, sur les ponts que le génie fait sauter après lui et fait front de nouveau un peu au sud d'Acy. Dès avant la nuit, il faut abandonner cette position pour se replier encore de quelques kilomètres.

Et pendant cinq jours, ce sera ainsi. Ce qui reste du régiment arrêtera toujours l'ennemi qui se présentera de face. Mais toujours il devra céder à la menace d'enveloppement par la droite et rompre pour se dégager.

Le 29, il faut se replier jusqu'à Taux, face aux lisières du bois de Concroix. Vers 14 heures, une forte patrouille allemande en débouche, poussant devant elle un chasseur français blessé. On ouvre le feu, la patrouille fait demi-tour et le chasseur peut rentrer dans nos lignes.

Au milieu de la nuit, nouveau repli jusqu'à l'ouest de Parcy—Tigny où nous nous maintenons pendant toute la journée du 30.

Le 31 mai, nous sommes ramenés au nord de Villers-Hélon et le lendemain, à l'aube, l'ennemi occupe ce village. Il faut revenir cette fois jusqu'à Longpont d'où, le 2 juin, au matin, un nouveau choc nous rejette jusqu'à la lisière de la forêt de Villers-Cotterêts.

Nous nous organisons à la ferme de La Grille et derrière un long mur.

Position d'arrêt. — Il ne reste que quelques mitrailleuses. Mal ravitaillés, sans cesse en mouvement, sans repos possible depuis une semaine, officiers et soldats sont exténués, mais encadrés par d'autres régiments, ils sont enfin délivrés de cette perpétuelle et démoralisante menace d'enveloppement. L'ennemi peut venir. Tous ses assauts se briseront là.

Pendant la matinée du 3 juin, il multiplie ses attaques. On lui répond par plus de 50.000 cartouches.

Il a fallu céder du terrain et les pertes ont été cruelles. Ce serait là, sans doute, une page sombre, si elle n'abondait, autant que les plus glorieuses, plus peut-être, en traits de bravoure et de dévouement, et en preuves d'endurance.

La 2e compagnie. — La conduite de la 2e compagnie (capitaine Milon) mérite une mention spéciale.

Réserve du 1er bataillon, elle occupe, le 27 mai, la partie nord du bois Morin. Le 28, à midi, elle reçoit l'ordre de détacher une de ses sections pour couvrir la droite du bataillon. A 13 heures, cette section est enveloppée. Les deux autres attaquent et la dégagent. Mais, pendant ce temps, l'infiltration allemande a continué, dans un plus grand rayon, et c'est bientôt la compagnie tout entière qui est complètement encerclée.

Sans hésitation, la compagnie attaque. Puis, faisant avancer et mettre en batterie alternativement ses fusils mitrailleurs et la section de mitrailleuses dont elle dispose, avançant par bonds, elle parvient à se dégager.

Elle se dirige alors sur Chassemy que le capitaine croit toujours occupé par nous et où il compte trouver du renfort et des ordres. Elle y rencontre, au contraire, deux compagnies allemandes arrêtées, les faisceaux formés et les officiers à cheval, qui, en l'apercevant, ne songent même pas à la poursuivre, tant ils sont convaincus qu'elle est prisonnière.

Elle rentre donc précipitamment sous le bois proche, remonte vers le nord, passe encore tout près d'une section allemande qui, au repos, ne la voit pas, franchit la Vesle et, avant 16 heures, rejoint sur l'autre rive les éléments du régiment déjà repliés.

CHATEAU-THIERRY (26 juin-28 juillet 1918)

La victoire décisive avait échappé aux Allemands le 21 mars en Picardie et le 27 mai au Chemin des Dames. Il faut en finir, car la menace américaine se précise tous les jours et ne fait plus hausser les épaules à nos ennemis.

Ludendorff choisit la Champagne pour théâtre de la prochaine offensive et il attaque, le 15 juillet, sur un front de 80 kilomètres de Château-Thierry jusqu'à la Main de Massiges.

Rôle de la 39ᵉ division. — La bataille déferle à l'ouest de Château-Thierry jusqu'à la cote 204 dont la possession est indispensable à l'ennemi.

C'est une vaste croupe arrondie qui, à l'ouest de Château-Thierry, domine tout le voisinage et commande sur un long parcours la vallée de la Marne. Un bois assez étendu la couronne et un autre de quelques centaines de mètres carrés, orne la pente est et abrite des carrières : c'est le bois Courteau.

La 39ᵉ division est envoyée là. Une fois de plus, elle arrêtera l'ennemi. Puis, pendant deux semaines, en des combats continuels, elle l'énervera, elle l'usera ; enfin, malgré la fatigue, prenant à son tour l'offensive, elle le bousculera et le poursuivra pendant plus de 15 kilomètres. Une fois de plus aussi, le 146ᵉ pourra revendiquer une large part dans le succès.

Départ. — Le 23 juin, un lumineux dimanche, le régiment, à peine recomplété numériquement, a quitté précipitamment les cantonnements de la région parisienne où il jouissait, depuis quinze jours, du repos et de la saison. Soixante kilomètres en camions et il est débarqué le soir dans la vallée du Petit Morin. Le 26, il arrive en réserve de division sur les deux rives de la Marne, à quelques kilomètres en aval de Château-Thierry à Chezy-sur-Marne et Charly et passe ses nuits à la création d'une ligne de repli qui barrera la vallée. Le 1ᵉʳ juillet, il prête sa première compagnie au 153ᵉ régiment d'infanterie et, le 6, il engage un de ses bataillons.

Combats de la cote 204. — C'est le 3ᵉ bataillon (capitaine Pages) qui va collaborer à la droite du 153ᵉ régiment d'infanterie, à une nouvelle attaque de la cote 204.

L'opération ne réussit que partiellement. A gauche, la 11ᵉ compagnie est arrêtée à la lisière du bois du Faîte et malgré une terrible lutte corps à corps n'y peut guère progresser. A droite, la 9ᵉ compagnie prend le bois Courteau et, pour s'y maintenir, accomplit pendant plus de soixante heures de véritables prodiges, animée par l'exemple du sous-lieutenant Queguiner.

Dès le 7, l'ennemi règle sur ce bois un tir qui ira s'intensifiant. Le soir du 9, les obus toxiques s'ajoutent aux obus explosifs, et la violence du bombardement devient inouïe. A 23ʰ 30, deux compagnies allemandes se portent à l'assaut, et les 50 hommes qui restent de notre 9ᵉ compagnie sont rejetés de ce qui subsiste du bois Courteau.

Ils contre-attaquent cependant à minuit 15, puis à 4ʰ 15, sans résultat.

A 5ʰ 30, l'ennemi, comptant poursuivre son succès, prononce une nouvelle attaque. Mais il échoue devant notre ancienne première ligne où les 9ᵉ et 10ᵉ compagnies se sont réinstallées.

Les pertes sont déjà lourdes : 2 officiers (lieutenant Sainmartin et lieutenant Astier) et 20 hommes tués, 3 officiers et 120 hommes blessés.

Le 8 juillet, tout le régiment est engagé. Le 1ᵉʳ bataillon (capitaine Perron) a relevé le 3ᵉ, et le 2ᵉ (commandant Le Camus) est en liaison à gauche avec les Américains, qui occupent le village de Vaux. C'est là que va porter le nouvel effort de l'ennemi. Il espère trouver moins de résistance chez ces soldats qu'il dédaigne parce qu'il ne les connaît pas, et une avance par le vallon où se blottit le village compromettrait sérieusement notre situation déjà si précaire à la cote 204.

Le 15 juillet, après une préparation par torpilles, l'attaque allemande se déclenche et se brise contre les Américains efficacement aidés par les feux de notre 7ᵉ compagnie.

Le 20 juillet, à la tombée de la nuit, c'est nous qui tentons une nouvelle attaque par surprise contre le bois de la cote 204. Mais l'ennemi, tenu en éveil par les tentatives incessantes dont il est l'objet depuis le 1ᵉʳ juillet, arrête notre mouvement par ses mitrailleuses.

Attaque et poursuite de l'ennemi (21 juillet). — L'attaque doit être reprise le 21, après une violente préparation d'artillerie qui commence à 3 heures. Cette fois, l'ennemi réagit peu, et à 5 heures les bataillons de première ligne se portent en avant.

C'est alors, sur une profondeur de 7 kilomètres en direction du nord-est, une avance à perdre haleine à force de joie et de vitesse. On traverse une zone bouleversée par notre artillerie et l'on découvre un ravissant panorama : la ville de La Fontaine, la sinueuse vallée de la Marne admirable de fraîcheur et de fertilité, puis des bois, des champs et, vers le nord, les hauteurs de Monthiers où le régiment fut au repos au commencement de 1917.

A son passage à Vincelles, la 5ᵉ compagnie capture 16 Allemands, dont un médecin, qui n'ont pu partir assez tôt pour suivre, dans sa fuite, leur armée en retraite. Pendant ce temps, au sommet de la colline, huit artilleurs manifestent qu'ils sont partagés entre le désir de se rendre et la crainte de nous approcher.

On traverse la route nationale de Château-Thierry à Béthune, puis le chemin de fer qui monte vers Soissons. Peu après, des coups de feu nous avertissent que nous approchons d'une ligne de résistance ennemie. Après Verdilly en effet, les barrages se multiplient et se serrent et nous ne pouvons déboucher du bois de Barbillon sur le village de Trugny.

Désormais l'avance ne sera rendue possible que par des attaques incessantes. L'ennemi utilise de façon remarquable ses innombrables mitrailleuses légères. Pendant huit jours, à travers cette forêt de Barbillon, puis celle de La Fère où il est facile d'être surpris et où la vigilance doit être de tous les instants, malgré les gaz et la puanteur des cadavres d'hommes et de chevaux, malgré la fatigue accrue encore par la chaleur et le manque d'habitude de la lutte en terrain libre, notre avance ne marquera que les temps d'arrêt indispensables pour préparer le bond suivant.

Les bataillons se surpassent, rivalisent d'audace et d'endurance.

C'est, le 23 juillet, le 3ᵉ bataillon soutenu à droite par le 2ᵉ qui s'empare de la cote 213 et de la ferme de La Grange-Marie.

Le lendemain, c'est le 1ᵉʳ bataillon, dont le commandant Benier a repris le commandement, qui enlève la ferme Fary et, avec le 2ᵉ bataillon, atteint la route qui de la vallée de la Marne monte vers Fère-en-Tardenois.

Les anciens du régiment reconnaissent le chemin suivi au commencement de 1917 pour aller dans l'Aisne.

Relève et départ. — Le 28 juillet, le régiment est relevé par les Américains et donne une dernière preuve de sa résistance au cours de la longue marche qu'il doit faire pour gagner ses cantonnements de repos de La Chapelle-sur-Chézy et environs.

Le 2 août, il embarque à La Ferté-sous-Jouarre, direction la Lorraine! Il débarque à Sauvoy et vient bientôt occuper un secteur au sud de Saint-Mihiel en face le fort du Camp des Romains. Il vit là dans le calme d'un secteur depuis longtemps apaisé jusqu'au moment où il prendra part à l'offensive que doivent exécuter prochainement en Woëvre deux corps d'armée américains et deux divisions françaises.

SAINT-MIHIEL (12 septembre-octobre 1918)

Le 6 septembre, le régiment est relevé dans ce secteur calme où il se reposait depuis le 9 août des rudes fatigues des mois précédents et va dans le voisinage de Commercy se préparer à l'offensive prochaine. Il s'agira de réduire la hernie de Saint-Mihiel. Cette vaste poche a été le résultat de la suprême tentative faite par l'ennemi à la fin de septembre 1914 pour couper nos armées de l'Est et celles de l'Ouest et essayer de gagner la trouée de Neufchâteau.

La ligne qui jalonne le saillant part des Éparges, descend vers le sud en englobant les Hauts de Meuse, enserre Saint-Mihiel, s'appuie ensuite sur les solides positions que sont le Camp des Romains, les hauteurs d'Apremont et le Mont Sec, puis à travers la marécageuse Woëvre remonte vers le nord-est pour se raccorder à la Moselle un peu en aval de Pont-à-Mousson.

On n'attaquera pas de face ces formidables falaises de l'ouest et du sud. Elles tomberont d'elles-mêmes et leur garnison sera prise quand les cavaliers à pied, qui attaquent aux Éparges en direction de l'est-sud-est auront rejoint dans la Woëvre les troupes qui partant de l'extrémité diamétralement opposée de la poche, attaqueront en direction du nord-ouest.

Ici, ce sont nos fougueux alliés américains avec à leur gauche la 39ᵉ D. I. Le 156ᵉ aura pour mission de fixer l'ennemi devant Apremont; à côté, le 153ᵉ devra s'étendre vers la droite pour rester en liaison avec l'aile marchante américaine. Le 146ᵉ sera réserve de division, son 2ᵉ bataillon à la disposition du 153ᵉ R. I.

Départ. Marche en avant. — Le bataillon quitte donc son cantonnement de Vignot le 11 septembre au soir et, le 12 au matin, du village de Gironville qui domine la Woëvre il assiste en spectateur à l'attaque. Il y a trop de brume et on est trop loin pour voir avancer l'infanterie et les tanks. Mais les éclatements de nos obus qui s'éloignent de plus en plus attestent la progression.

De bonne heure, on apprend que les objectifs de la journée et même ceux fixés pour le lendemain sont atteints. Les réserves se portent en avant. A midi, elles sont à Broussey-en-Woëvre et, à la nuit tombante, à Xivray-Marvoisin, où se rejoignent les 2ᵉ et 3ᵉ bataillons.

Les chemins sont difficiles, encombrés par les colonnes de prisonniers qui descendent et par les équipages français et américains qui montent.

Retraite ennemie. — Dans la nuit très obscure, des incendies s'allument : ce sont les villages d'où l'ennemi se retire. N'importe! c'est bien l'atmosphère d'un soir de victoire! La marche continue. Nous traversons les ruines de Richecourt et contournons par le nord-est l'imprenable Mont Sec. Au jour, les défenseurs qui y sont encore : des observateurs et quelques mitrailleurs, se rendent à la 7ᵉ compagnie.

Nous repartons bientôt, avec comme objectif le village de Buxerulles où une inoubliable émotion nous attend.

L'ennemi l'a évacué au cours de la nuit, et les habitants, qui n'ont pas vu de soldats français depuis plus de quatre ans, se sont rassemblés sur la place du village pour nous attendre.

Les enfants portent des brassées de fleurs et les femmes ont cueilli pour nous les premiers raisins à peine mûrs.

Les traits tirés, les figures exsangues de tous ces pauvres gens disent assez les souffrances de ces longues années d'esclavage et les frayeurs de ces dernières nuits.

Nous sommes pour eux les sauveurs. Ils sont pour nous la vivante réponse au « Pourquoi te bats-tu »?

L'avance continue, et les patrouilles ramènent toujours des prisonniers. Nous suivons la route qui longe le pied des Hauts de Meuse.

A gauche, ce sont les pentes rapides garnies de vignes et couronnées de forêts; à droite, la Woëvre où les prés alternent avec les bois et où les innombrables étangs brillent sous le soleil déjà un peu pâle de cette fin d'été.

Nous traversons Buxières, puis Heudicourt qui flambe encore et nous pénétrons dans la forêt de Nonsard. Là c'est le spectacle de la débâcle allemande. Des trains régimentaires entiers s'échelonnent sur le bord de la route, hâtivement abandonnés, et de vastes camps achèvent de se consumer en d'immenses brasiers.

Quelques heures de repos dans la forêt. Puis c'est Vigneulles, Hattonville où nous voyons pour la première fois un considérable rassemblement de tanks, et, le 14 septembre, à l'aube, le régiment s'installe en position défensive pour résister à une contre-attaque possible.

L'avance a été aisée. L'allégresse fait oublier la fatigue.

Les seules pertes à déplorer sont au 1er bataillon qui a eu à faire quelques raids plus rapides et lointains vers le nord, et le 26 septembre, un important coup de main parfaitement réussi.

Le régiment se met au travail pour organiser le nouveau front.

A la fin d'octobre, quand il y a des tranchées, des abris et des défenses accessoires, nous laissons le secteur à l'armée américaine.

L'ARMISTICE ET L'ENTRÉE A METZ

Les opérations de Saint-Mihiel clôturent la rude et glorieuse tâche du 146e pendant la guerre.

Le régiment était en route pour de nouveaux combats lorsque, le 11 novembre, dans la matinée, à Pont-Saint-Vincent, des drapeaux sortent de toutes les fenêtres et une animation joyeuse se répand dans la rue.

Le matin même, l'Allemagne a reconnu sa défaite. Ses délégués ont apposé leur triste signature sur le traité d'armistice, épilogue du grand drame.

C'est la victoire de la France et de ses alliés; le triomphe d'une cause juste sur le crime et la barbarie.

Et, le 19 novembre 1918, le 146e reçoit la plus glorieuse récompense qu'il puisse espérer : l'entrée à Metz délivrée au milieu d'une population empressée et profondément émue.

Sur cette Kaiserplatz, théâtre de tant de parades orgueilleuses du Kaiser allemand, il défile le premier devant le maréchal Pétain en tête de la belle 39e division. Derrière le maréchal, la statue de Ney, que le bronze a fixé dans son attitude légendaire de la Moskowa, est une puissante évocation du passé qui relie les soldats de la victoire de 1918 à ceux de l'Épopée par l'immuable tradition qui tient dans les deux mots inscrits sur nos drapeaux : « Honneur et Partie. »

Note. — Au moment où se termine ce récit, le 146e est à Nancy, et le colonel Salles a succédé à sa tête au lieutenant-colonel Grasset.

Le colonel Salles a fait la campagne au 20e C. A. dont les régiments ont rivalisé d'entrain et de bravoure, d'abord au 79e, puis comme lieutenant-colonel commandant le 26e.

Le 146e n'est presque pas pour lui un nouveau régiment.

ANNEXES

I

LISTE des officiers qui ont compté au régiment mobilisé pendant la campagne (¹).

(Le nom des officiers morts pour la France est précédé du signe †)

NOMS ET PRÉNOMS

Colonels.

†Berot (Louis).
Jannet (Marie).
Salles (Henri).

Lieutenants-Colonels.

Boucher de la Rupelle.
†David (Élisée).
Daydé (Jean).
†Des Mazis (Pierre).
Grasset (Henri).
Jeanpierre (Hippolyte).
Le Menestrel.
Mourier (Joseph).
Notel (Auguste).
Royal (Florian) engagé comme soldat.

Chefs de bataillon.

Bar (François).
Benier (Jean).
Bouet (Émile).
Caucanas (Paul).
†De Lasteyrie du Saillant.
†Dethorey (Marie).
Dombios (Charles).

NOMS ET PRÉNOMS

Faveris (Joseph).
Fiatte (François).
Garcin (Edmond).
Hug.
Jacquesson (Pierre).
Le Camus (Gaston).
Le François des Courtis de la Groye, chef d'escadrons.
Lionne (Appolinaire).
Mabille (Marie).
†Noël (Joseph).
Odone (Elasje).
Peyroux (Michel).
Poirel (Charles).
Quirot (Georges).
Romand.
†Vautrain (Georges), chef d'escadrons.

Médecins chefs de service.

Favette (François).
Henriot (Adolphe).
Scherrer (Paul).
Trévidic.
Trotabas (Marcel).
Turcan (Louis).

---

(1) La liste des sous-officiers, caporaux et soldats morts pour la France fera l'objet d'un fascicule séparé.

NOMS ET PRÉNOMS

Capitaines.

†Arnoult (Louis).
Aubril (Marcel).
†Bariat (Pierre).
Bergès (Michel).
Béthouart (Marie).
Bloch (Marcel).
Boëlle.
Bron (Victor).
Chabot (Henri).
†Chantecler (Edmond).
Charpentier (Pierre).
Charvet (Jean).
Clément-Colas (Moïse).
†Cochin (Auguste).
†Collesson (Maxime).
†Colmet-Daage (René).
Corda (Paul).
†Cote (Louis).
Crouzier (Lionel).
Delmotte (Charles).
†De Visme (Jacques).
Dubost (Jean).
Dupuis (Léon).
Escudier (Jean).
Estèbe (Jean).
Fischmeister (François).
†Flajollet (Édouard).
Flavigny (Jean).
Fournet (Géo).
Freyler (Jacques).
†Gardet (Charles).
†Gauche (Félix).
†Geoffroy (Marie).
†Girard (Léon).
Gozillon (Charles).
Groboz (Prosper).
Guillaumin (Pierre).
Guillin (Édouard).
†Humbert (Charles).
†Jean (Léon).

NOMS ET PRÉNOMS

Koechlin (Georges).
†Léautier (Auguste).
Lemaître (Ernest).
Lépine (Alfred).
Leroy (Jacques).
Lorentz (Albert).
†Louchet (François).
Maisse (Maurice).
Maitrot (René).
Mazières (Paul).
Millon (Léopold).
Nirascou (Prosper).
Pagès (Pierre).
Perron (Pierre).
Philbert (Louis).
Pillot (Albert).
Pujol (Anatole).
Quignon (Eugène).
Rispal (Pierre).
†Robert (Fernand).
†Saint-Guilhem (Julien).
Saint-Quentin (André).
Schilizzi (Jean).
Schulmberger (Adolphe).
Serpaut (François).
†Tassaux (Alphonse).
Triep-Hourguet.
Tropet (Adolphe).
Vaidy (Pierre).
†Vincent (Pierre).
†Voisin (Albert).
Vuillémot (Ernest).
Vuillermet (Maurice).

Chef de musique.

Delbove (Eugène).

Médecins aides-majors.
1re classe

Adam (Paul).
Mairet (André).
Merklen (Robert).

NOMS ET PRÉNOMS

NOMS ET PRÉNOMS

Médecins aides-majors.

2e classe.

AIMÉ (Marie).
ANDRÉ (Louis).
AUBLANT (Léon).
BAUDOT (Pierre).
CHABRUT (Charles).
CHOLLET (Maurice).
FAIVRET (François).
HEULLY (Louis).
LIÉGEOIS (René).
MILOT (Alexandre).
MORLOT (René).
THOMASSIN (Pol).
NITOT (André), pharmacien aide-major.

Vétérinaires.

BEAUCHÉ (René), vétérinaire aide-major de 1re classe.
HUMEAU (Albert), vétérinaire aide-major de 2e classe.

Lieutenants.

AMBERT (Alexandre).
AUBRY (Georges).
AYRAULT (Marcel).
†BACHELIER (Fernand).
BADINA (Charles).
BATAILLE (François).
BÉRARD (André).
BERTAT (Victor).
BERTRAND (Maurice).
BESSON (Léopold).
BILLET (Henry).
BLIN (Georges).
BLUM (Jacques).
BOINOT (Élie).
†BOISSARD (Fernand).
†BONNETAIN (Antoine).
BOURGAT (François).

BOURGEON (Pierre).
BRETON (Charles).
BROSSARD (Louis).
†BURLAT (Paul).
†BURY (Albert).
CACCIAGUERRA (Joseph).
†CALVIN (Joseph).
CARBONNEAU (Edmond).
CARRAT (Vital).
CASPARD (Léon).
CASTERAN (Paul).
CAZI (Charles).
CHABANNE (Eugène).
CHARETTE (Émile).
CHATTELARD (Louis).
CHAZOT (Parfait).
CHOULEUR (Georges).
CLÉMENT (Joseph).
COUSIN (Jacques).
CORNET (Édouard).
COULARD (Marius).
CUMELL (Sidonie).
DEBARRE (Auguste).
DEGORCE (Célestin).
DEIBER (Florent).
†DENIS (Théobald).
DESPREZ (Gaëtan).
DORIA (Gaston).
DUPUY (Henri).
DURAND (Daniel).
ENNUYER (Paul).
ÉRARD (Henri).
ESLAULT (Raymond).
ESQUERRÉ (Hippolyte).
ÉVRARD (Marie).
FABER (Paul).
FABRE (Pierre).
FAYET (Fernand).
FERRAN (Jean).
FIRMIN (Robert).
FORGUES (Eugène).
FRÉVILLE (Henri).

NOMS ET PRÉNOMS

FRONTEAU (René).
GALLAND (Jules).
†GAUDIN (Robert).
GONFOND (Jean).
GRIMAULT (Pierre).
GROSSTEFFAN (Léon).
GUERARD (Aramis).
HARPIN (Charles).
HELLE (Charles).
HUDIER (Auguste).
JACQUIN (Emmanuel).
†KRAËMER (Georges).
LABBÉ (Robert).
LAFOREST (Émile).
LAGACHE (André).
LARROUTIS (François).
LAUNAY (Adolphe).
LAUNÉ (Henri).
LAURENT (Gustave).
LAVERSENNE (Alfred).
LEGA (Dominique).
LECOMTE (Alfred).
LEFRANC (Georges).
LE GALL (Hervé).
†LEMAIRE (Gaston).
LE QUILLEC (Michel).
†LIGEROT (Pierre).
LIONS (Félicien).
†LUCOT (Charles).
MAIRAT (René).
MARCEL (Camille).
MARTY (Irénée).
MATTÉI (Georges).
MERLE (Jean).
†MEYER (Lucien).
MOREAU (Julien).
MOURARET (Alfred).
MOUSSU (Louis).
PAIMBŒUF (Marcel).
PÉNIDE (Jean).
PHILIPPON (René).
POIREL (Marie).

NOMS ET PRÉNOMS

PRESTREAU (Alexandre).
RIMBAUT (Arthur).
ROTH LE GENTIL (Joseph).
ROUX (Joseph).
ROUX (Pierre).
ROUYER (Marie).
RUDEAU (Charles).
†SAINMARTIN (Pierre).
SANTONI (François).
†SARRAZIN (Francisque).
SAUVAGE (Joseph).
SAVIARD (Georges).
†SCHNEEBERGER (Paul).
SÉGUIN (Michel).
†STHÈME DE JUBÉCOURT.
TAHTADJIAN (Léon).
THÉRON (Georges).
THOMAS (Alexis).
THOMAS (Maurice).
TRAVERT (Gaston).
VIDALENC (Albert).
VILNAT (Ulysse).
†WAUTHIER (Charles).
ZIÈGLER (Jean).

Sous-Lieutenants.

AILLERIE (François).
AIMÉ (Marie).
ANDRÉ (Louis).
†ASTIER (Georges).
AYRAULT (Marcel).
BALLANT (Marcel).
BARRÈRE (André).
BARRONIER (Henri).
BARRONNET (Adrien).
†BEDOT (Julien).
BENET (Eugène).
†BINET (Albert).
BLARY (Benoît).
†BLEY (Jacques).
BOMBEZIN (Jean).
BONARDI (Adolphe).

NOMS ET PRÉNOMS

BONIN (Henri).
BONNAFFÉ (Stanislas).
BONNARD (Georges).
†BOULANGER (Léon).
BOULET (Louis).
BOURDIN (Fernand).
BOURSEUL (Georges).
BOUSCAT (René).
†BRÉMOND (Henri).
BRICOURT (Paul).
†BRIÈRE (Charles).
†BRODY (Henri).
BRUYANT (André).
BUCHET (Raymond).
†CACCIAGUERRA (André).
CAMPOS (Laurent).
CARCHON (Paul).
CHABBERT (Raymond).
CHARPAIN (Louis).
CHAULLET (Paul).
CHEVALIER (Gustave).
CHOLLET (Maurice).
†CHOMARD (Jean).
CHRISTIN (Robert).
†CLAUSE (Georges).
†CLAUZEL (Henri).
†COIGNET (Jean).
†CAMBROCHE (Guillaume).
COMPARAT (Jacques).
CONILLEAU (René).
CONORTON (Marcellin).
†CORNET (Pierre).
CORNU (Marcel).
COULON (Lucien).
†COURLET DE VRÉGILLE (Pierre).
COUTURIER (Paul).
COUTURIER (René).
CROSMARIE (Paul).
CUILHÉ (Maurice).
DE BODARD DE LA JACOPIÈRE.
†DE GRAVERON (Pierre).
DELABARRE (Philippe).

DE LA CHAPELLE.
†DELÉPINE (Jean).
†DENTRAYGUES (Henri).
DESCLAUDURE (Philippe).
DESPLAN (René).
†DI MARCO (Adrien).
†DISSON (Étienne).
DIVOY (Vital).
†DUBOURG (Raoul).
DUFFOUR (René).
DUHECQUET (Robert).
†DUMESNY (André).
†DUREL (Henri).
DUROT (Charles).
†DUTERLAY (Maurice).
†DUVILLE (Léon).
DUZAC (Étienne).
†ELDIN (Antoine).
†ÉTIENNE (Pierre).
FAULCONNIER (Lucien).
FELIP (Alexandre).
†FERRET (Fernand).
FRANÇOIS (Georges).
†FRARET (Jean).
†FRASLIN (Camille).
FRIEDMANN (Eugène).
GAUFFENY (François).
†GEISLER (Charles).
GIRARDEY (Fernand).
GRANÈS (Lucien).
GUEREAU (Alexandre).
†GUERRY (Félix).
GUGELMANN (Jules).
†GUIDÉE (Charles).
HALBIQUE (Raymond).
HOUDART (Maxime).
IMBAULT (Edgard).
†ITARD (Marcel).
JACQUEMIN (Henri).
JARDILLIER (Charles).
JUILLET (Félix).
KOCH (Jean).

NOMS ET PRÉNOMS	NOMS ET PRÉNOMS
†Kropf (Charles).	†Pochet le Barbier de Tinan.
†Labry (Roger).	†Poinçon de la Blanchar-
†Legaly (Baptiste).	dière.
†Landé-Verdié (Guillaume).	†Pourteyrout (Paul).
Laurenti (Antoine).	†Prévost (Léon).
†Lebouc (Louis).	†Puech (Adrien).
Lecomte (Alexandre).	Quéguiner (Joseph).
Le Roux (Jean).	Quelen (Louis).
Le Terrier (Léon).	†Rolet (Jean).
Lévy-Valensi (Joseph).	†Rougery (Jacques).
Leuridan (Henri).	Rousselet (Louis).
Libault de la Chevasnerie.	Sabaty (Jean).
†Lombard (Antoine).	Sanguinède (Antoine).
Magne (Jean).	Savignat (Eugène).
Malleterre (Jacques).	Schneider (Étienne).
†Mangenot (Robert).	Schual (Émile).
†Marchal (Henri).	Sénéchal (René).
†Marolleau (Alphonse).	†Simon (Paul).
†Mathis (Jean).	Simonet de Laborie (André).
Mauger (Charles).	Soler (Vincent).
†Maurel (Pierre).	Soulard (Jean).
†Mazodier (Marie).	Spaier (Albert).
Mercier (Maurice).	†Suchet (Jean).
†Meystre (Henri).	†Thiriet (Robert).
Milhaud (Gaston).	†Thomas (Fernand).
Morel (Louis).	Thominet (Patrice).
Morlet (Fernand).	Torlet (Georges).
Mouilbeau (Émile).	Ulrich (Yves).
Mounet (Pierre).	Vermillard (Jean).
Muller (René).	Vert (Marcel).
Mullot (Maurice).	
Muselli (Paul).	
†Naudin (Georges).	
†Nicot (Henri).	
Paignon (François).	
Paradon (Antoine).	
Passelac (Gabriel).	
Pays (Adrien).	
Perol (Maurice).	

Officiers disparus.

Borrell (Philippe), capitaine.
Garillon (Paul), lieutenant.
Duculot (Léon), sous-lieut.
Madin (Marcel), sous-lieute-
nant.
Wéber (Joseph), sous-lieute-
nant.

II

Citations obtenues par le 146ᵉ R. I.

I. — CITATION A L'ORDRE DE L'ARMÉE
(Ordre nᵒ 33 du 19 mars 1916.)

Le général commandant la IIᵉ armée cite à l'Ordre de l'Armée :

Le 146ᵉ régiment d'infanterie.

« Arrivant à la rescousse sur un terrain nouveau, et dans une situation très confuse, s'est immédiatement lancé à l'attaque sous la conduite de son chef, le lieutenant-colonel Jeanpierre, et, par cette offensive hardie, a arrêté net les progrès de l'ennemi, l'a fixé, et pendant quatorze jours jusqu'à ce qu'il ait été relevé, a résisté à toutes les attaques sans perdre un pouce de terrain et malgré le plus violent des bombardements. »

II. — CITATION A L'ORDRE DE L'ARMÉE
(Ordre nᵒ 462 du 4 mai 1917).

« S'est déjà distingué sur la Somme où, engagé en pleine bataille du 1ᵉʳ au 10 juillet 1916, il a brillamment enlevé le bois Favière le 1ᵉʳ juillet, le village d'Hardecourt le 8 juillet, et repoussé toutes les contre-attaques, capturant 400 prisonniers et 10 mitrailleuses.

« Vient à nouveau, sous le commandement du lieutenant-colonel de La Rupelle, de s'affirmer régiment d'élite en s'emparant de haute lutte, le 16 avril 1917, d'un village solidement organisé et en enlevant à l'ennemi deux canons, des mitrailleuses et de nombreux prisonniers. »

III. — CITATION A L'ORDRE DE L'ARMÉE
(Du 1ᵉʳ mars 1918, ancien ordre du 29 septembre 1914.)

« Le 20ᵉ corps d'armée comprenant... 146ᵉ R. I... a, pendant les journées des 26 et 27 septembre 1914, sur toutes les parties du front où il a été engagé, toujours su progresser et entraîner la progression de ses voisins. Le 28 il a résisté aux attaques les plus furieuses et a trouvé dans son ardeur assez de ressources pour passer à son tour à l'offensive le 29 au matin. Le général commandant l'armée est heureux de féliciter le 20ᵉ corps. Dans l'Ouest, comme précédemment dans l'Est, ce corps ne cesse de montrer les plus hautes qualités manœuvrières, une endurance qui ne se dément pas, une vigueur et un entrain que rien ne saurait abattre. »

IV. — CITATION A L'ORDRE DE L'ARMÉE
(Ordre n° 34 du détachement d'armée du Nord du 21 juin 1918.)

« Sous le commandement de son chef le lieutenant-colonel Grasset, modèle de beau soldat, énergique et brave, a pris part à la bataille des Monts de Flandre en avril et mai 1918. A victorieusement repoussé une violente attaque allemande engagée avec des forces considérables; a livré de furieux combats dans les éléments de tranchées où l'ennemi avait pénétré, a réussi à l'en chasser par des contre-attaques vigoureusement conduites, lui infligeant des pertes terribles. A ensuite enlevé brillamment un point d'appui fortement organisé et dont la possession était de la plus haute importance pour assurer la sécurité de nos positions. »

V. — CITATION A L'ORDRE DU CORPS D'ARMÉE
(Ordre n° 253 du 19 septembre 1916.)

« Déjà cité à l'ordre de l'armée au mois de mars 1916 pour sa brillante attitude dans les combats autour de Verdun, le 146ᵉ R. I. a fait preuve des mêmes qualités d'entrain, d'activité et de méthode dans les opérations de Picardie et notamment aux combats des 1er et 8 juillet 1916, où sous les ordres du lieutenant-colonel Jeanpierre, chef aussi énergique dans l'action que prévoyant et avisé avant l'engagement, il s'est de nouveau affirmé comme un régiment d'élite. »

VI. — CITATION A L'ORDRE DE LA DIVISION
(Ordre n° 106 du 7 mars 1916.)

« Appelé en première ligne à un moment difficile a, sous l'énergique impulsion de son chef le lieutenant-colonel Jeanpierre, arrêté une violente attaque de l'ennemi le 26 février 1916, par une contre-attaque à la baïonnette et a repoussé avec succès toutes les autres attaques, particulièrement celles du 28 février et du 2 mars, malgré ses pertes et la fluctuation du combat sur sa droite, permettant ainsi de rétablir la situation. »

VII. — Citation du 3e bataillon a l'ordre de l'armée

(Ordre n° 43 du 22 mars 1916.)

Le général commandant la IIe armée cite à l'Ordre de l'Armée :

Le 3e bataillon du 146e R. I.

« Arrivant dans des circonstances critiques sur un terrain où l'ennemi ne cessait de progresser grâce à sa grande supériorité numérique, a, par une offensive énergique ordonnée avec une décision remarquable par son chef (chef de bataillon Jacquesson) et exécuté par la troupe avec une bravoure héroïque, arrêté net les attaques ennemies et permis de se cramponner au terrain pour l'organiser. »

VIII. — Citation de la 1re compagnie de mitrailleuses a l'ordre de l'armée

(Ordre n° 43 du 22 mars 1916.)

Le général commandant la IIe armée cite à l'Ordre de l'Armée :

La 1re compagnie de mitrailleuses du 146e R. I.

« Arrivant dans des circonstances critiques sur un terrain où l'ennemi ne cessait de progresser grâce à sa grande supériorité numérique, a, par une offensive énergique ordonnée avec une décision remarquable par son chef, le capitaine Bariat, et exécutée par la troupe avec une bravoure héroïque, arrêté net les attaques ennemies et permis de se cramponner au terrain pour l'organiser. »

Citation de la 3e section de la 1re compagnie a l'ordre du régiment

(Ordre n° 32 du 14 novembre 1914.)

Le lieutenant-colonel David, commandant le 146e R. I., cite à l'Ordre du Régiment :

La 3e section de la 1re compagnie.

« Qui, sous les ordres du sergent Vauchelet et du caporal Petit, s'est, dans la nuit du 7 au 8 novembre 1914, portée franchement à l'avant de nos lignes jusqu'à 40 mètres de l'ennemi et y a construit une tranchée sous la fusillade, s'y est maintenue pendant vingt-quatre heures avant d'être rejointe par d'autres fractions, faisant subir des pertes à l'ennemi et donnant un grand exemple de courage, d'endurance et de ténacité. »

CITATION DE LA 1re SECTION DE LA 9e COMPAGNIE À L'ORDRE DU RÉGIMENT

(Ordre n° 8 du 9 mars 1916).

Le lieutenant-colonel Jeanpierre, commandant le 146e R. I., cite à l'Ordre du Régiment :

La 1re section de la 9e compagnie.

« Le 27 février 1916, malgré un violent bombardement d'artillerie lourde, a vaillamment arrêté une attaque d'infanterie allemande et, par une charge à la baïonnette, rejeté en désordre un ennemi supérieur en nombre, lui causant des pertes sensibles et lui faisant des prisonniers. »

TABLE DES MATIÈRES

IMPRIMERIE BERGER-LEVRAULT, NANCY-PARIS-STRASBOURG

www.ingramcontent.com/pod-product-compliance
Ingram Content Group UK Ltd.
Pitfield, Milton Keynes, MK11 3LW, UK
UKHW022113070726
13613UKWH00003B/1034